阅读柏拉图

刘小枫 主编

Παρμενίδης

帕默尼德

[古希腊] 柏拉图 著
曹聪 译

华夏出版社
HUAXIA PUBLISHING HOUSE

图书在版编目（CIP）数据

帕默尼德/（古希腊）柏拉图著；曹聪译. —北京：华夏出版社有限公司，2024.3

（阅读柏拉图）

ISBN 978-7-5222-0095-8

Ⅰ.①帕… Ⅱ.①柏… ②曹… Ⅲ.①巴门尼德（Parmenides 前6世纪末）-哲学思想-研究 Ⅳ.①B502.152

中国版本图书馆 CIP 数据核字（2020）第 262204 号

帕默尼德

作　者	［古希腊］柏拉图
译　者	曹　聪
责任编辑	马涛红
美术编辑	殷丽云
责任印制	刘　洋
出版发行	华夏出版社有限公司
经　销	新华书店
印　刷	北京汇林印务有限公司
装　订	北京汇林印务有限公司
版　次	2024年3月北京第1版 2024年3月北京第1次印刷
开　本	787×1092　1/32
印　张	6.25
字　数	93千字
定　价	48.00元

华夏出版社有限公司　地址：北京市东直门外香河园北里4号 邮编：100028　网址：www.hxph.com.cn　电话：(010) 64663331（转）若发现本版图书有印装质量问题，请与我社营销中心联系调换。

"阅读柏拉图"出版说明

自有柏拉图书,借用我国古人的说法,可谓"天地已泄其秘,而浑穆醇庞之气,人日由其中而不知是道寄于人,而学寄于天"。直到今天,柏拉图书基本上仍囿于学院深宫,向学者不敢也难以问津。其实,前人幼入家塾即接触圣贤心脉,若今高中生也能读到柏拉图书,无论见浅见深识小识大,也莫不有灵魂之辨行乎其间。

喜欢柏拉图作品的读者,心性多种多样,精神爱好也各有不同。即便在今天,一般读者仍然喜欢注释不多的柏拉图译本,否则会觉得有碍阅读时的畅快。少数读者喜欢带长篇笺注的译本,考订语词和辨析文句越琐细越觉得过瘾。柏拉图的《克莱托丰》原文不足万字,有位英国学者作笺注成书竟然有近500页。

"阅读柏拉图"系列以柏拉图中篇和短篇作品为主,长制作品(《王制》和《法义》)则选取其中相对独立的篇章，添加中等篇幅的注释，为天下读者提供便携便览的柏拉图读本。译者注释以疏通对话脉络为要，即便对人名、地名、典故及特别语词下注，也娓娓道来，力戒繁琐枯燥。译注尤其着力解析对话进程中的机关暗道，提示修辞上的弦外之音，与读者一同深入文本肌理，体味柏拉图笔法之精妙，而中所自得，识见之偏全，则不必强之使同。

柏拉图作品的场景和内在情节至为重要，为有助读者深入理解，我们对作品划分章节，施加章节标题。每章之前，译者均给出简扼题解，以述场景或情节大要，必要时章末也衍生附释，以示情节突转或袅袅余音。凡此一律用仿宋体与正文区隔，以显经纬之别。

本系列中的译品均以伯内特（Burnet）校勘的希腊文柏拉图全集为底本，并参考现代西文译本移译。柏拉图作品虽无不是在讨论极为严肃的人世问题，言辞却贴近日常，翻译时棘手之处比比皆是。要为诸多省略句式和语气小品词找到恰切的中文表达固已困难，而遇到某个语词或说法（短语）有多种义项或一语双关时，要准确选择义项或保持一种译法更不容易。译文为补足语气或文意（针对口语中的省略）添加的语词，一律施加方括号［］；遇多义项语词或短语需要提示选择性译法时亦然。

柏拉图作品最为基本的教育作用是让我们的头脑变得明智清晰，对自己的灵魂样式多些了解，进而对人世政治亘古不变的复杂性也尽可能多些认识。至于是否像苏格拉底那样有向往高贵、追求纯然不杂的美的爱欲，则由各人的命相精灵掌管。以往的柏拉图研究以及教科书上的柏拉图介绍，往往把读者引向各种形而上学教条。若从对话情节入手，关注文学形式下的思想脉络，我们不难看到，柏拉图笔下的苏格拉底最看重教人如何分辨好与坏、对与错、高尚与卑劣、正义与不义、明智与偏执。面对纷乱的社会歧见，期盼柏拉图作品滋育我们，帮助我们养成慎思明辨的习性，不为众言淆惑，不受偏见拘滞，是为"阅读柏拉图"的设计初衷。

刘小枫

2019 年 12 月

目　录

编译说明　/ 1

帕默尼德

场景一　异邦客人的爱智之旅 / 1

场景二　宗教庆典与哲人聚谈 / 11

第一场　少年苏格拉底的挑战 / 16

　　　　一与多的谐剧 / 17

　　　　形相论首次登场 / 22

第二场　帕默尼德的循循善诱 / 29

　　　　形相与秩序 / 30

　　　　时日喻与帆布喻 / 34

　　　　分与合的难题 / 36

第三人论证之一 / 38

形相作为思 / 40

第三人论证之二 / 42

认识论困境 / 44

统治与知识 / 45

第三场　爱智者问教帕默尼德 / 53

哲学的可能性 / 54

少数人的爱欲 / 59

第四场　帕默尼德的论证沧海 / 65

假设一："一是一" / 66

假设二：存在的一 / 90

刹那：无何有之乡 / 137

假设三：他者之自然与形相 / 143

假设四：与一分离的他者 / 152

假设五：非存在与意见 / 156

假设六：作为"无"的不存在 / 168

假设七：一是梦影 / 172

假设八：关于一与多的意见 / 180

编译说明

《帕默尼德》(中译又作《巴门尼德》《巴曼尼德斯篇》)的副标题是"或论形相:逻各斯的",涉及大量思辨玄言,诸如有、无,是、非,此、彼,同、异,思、言、在等,故而在柏拉图作品中尤显晦涩难解,但也最吸引游心绝冥之境的哲学心性。

《帕默尼德》的主题即形而上学之根本。柏拉图用其一贯的戏剧形式展开由显之隐的探幽之路,彰显人类有限之知与无极之知的张力。

这篇对话包括一个引子和两个主要部分。引子藉戏剧元素喻示青年苏格拉底临在于"苏格拉底转向"的关键时刻,一种超越此前诸家学问的新哲学蓄势待发。第一部分(127b-137b)的主要人物是苏格拉底、芝诺和帕默尼德,主题是形相。第二部分(137c-166c)是帕默尼德与亚里士多德配合,向苏格拉底演示辩证术。

第一部分的主体是两轮哲学问对——先后为苏

格拉底问芝诺、帕默尼德问苏格拉底。究其根本，两轮问对都是对穷理极妙之困的呈现。柏拉图借帕默尼德之口传达出深刻的哲学洞见：终极本原是否存在、如何存在、能否认识等问题必将永无定论（135a）。他还提出一个直抵形而上学临界点的问题：若幽微处即为深渊，哲学何为（135c）？帕默尼德之问正是"第二次启航"之契机。

此问为开端而非终点：尽管两轮问对切中包括形相论在内的各派形而上学之共同困境，但止步于深殇之渊的边界，未曾坠入虚无。尤为重要的是帕默尼德对青年苏格拉底初衷的肯定，他赞美这个志向美好而神圣（135d）。苏格拉底探究好秩序的志向一以贯之：这在本篇对话中体现为"形相"的初次登场即具有强烈的价值取向（130a-d、135c），《斐多》中临终前的苏格拉底仍矢志不移，令人动容。

帕默尼德启发青年苏格拉底认识到人类的思与言面对超越性存在时的有限性，但未止步于此。他还教导苏格拉底认识到，无逻各斯即无哲学。《智术师》明确表达过这个洞见（260a）。柏拉图没有选择让苏格拉底直达忘言之境，这意味着，在他心中，哲学是一种属人的爱智活动，尽管这种活动趋近神圣，但依旧是属人的，因而也是有限的，需要凭靠人类的逻各斯。然而，人类的逻各斯不止一种，"第二次启航"必须考虑何种逻各斯更好？

在此篇对话中，帕默尼德传授给青年苏格拉底名为"辩证术"的特殊逻各斯，其本义是日常的交谈或对话，柏拉图将其引申为具有丰富含义的哲学术语。

第一重含义源自芝诺，特指一种逻辑工具，即借助形相完成划分与结合。后世一脉研习者引此为本篇要旨，主张逻辑训练者有之，主张智术玩笑者亦有之。

第二重含义关乎柏拉图对"真"的看法：《斐德若》提醒人们注意书写在表达真理方面的限度，警惕言、思、在三者之间的微妙关系极易引发著述和学说的僵化；与之相比，辩证术是对话之中的思想运动，而非无可置疑的真理定见（274b 以下）。就此而论，与之相关的"形相论"就不该被视为柏拉图的真理学说，这也正是柏拉图写作对话的哲学理由。后世视本篇为柏拉图"真理学说"者忽略了柏拉图本人的提醒。

第三重含义呼应了苏格拉底一以贯之的神圣意

图。辩证术的目的不再是赢得论辩,而是教育灵魂。正如柏拉图在《斐德若》说,"用辩证术的技艺拽住一颗合宜的灵魂来种植"比书写更加严肃而美好(276e-277a),《王制》也将辩证术置于牵引灵魂之眼摆脱泥沼向上飞升的关键位置(533c-d)。对苏格拉底式哲学而言,教育灵魂是比著书立说更加严肃、更加迫切的要务,而辩证术正堪此重任。

第二部分是帕默尼德主导的辩证术演示,八组论证蔚为大观,散漫无稽,难以寻迹。两两相对的论证在一与多、是与非、真实与影像之间交错往复,得出迥然相异的结论。帕默尼德称这部分为"论证的沧海",若想步入幽冥而不至沉溺,需借助柏拉图本人的指点。由其他形而上学主题对话可知,"辩证术"与"形相"是柏拉图应对前苏格拉底"存在之战"的利器,闪现于八组论证间的诸家学说是理解此部分可借助的点点星光,不可被认作真理之光。故不应脱离整体,仅凭蛛丝马迹臆测柏拉图持数本原论、一元论等本原论。

第七组假设与众不同,不是逻辑推论,而是文学比喻,外在形式本身即折射出它试图传递给我们的洞见。它用"梦喻"和"阴影画喻"(164d、

165b、d）传达出八组论证共同指向的最核心的洞见：人类经验到的许多个具体的一可被理解，隐约其后的超越性"一"或"存在"则无法被人类感知和认识，也不可言说。人类自以为把握到的"一"类似于梦中瞬息，藏身于人类灵魂，而非外在于人的自在实体。但"一"又的确必不可少，否则一切对人来说就只能是无从把握的破碎现象，转瞬即逝的现象也无法为人提供坚实的生存大地。诸家存在论都是真理的相似者和影像，而非真理本身，所谓"形相论"当然亦同此理。

八组论证最终抵达一个未定之论（166c2-5），而非肯定性本体论，这恰是柏拉图本人与后世缘木求鱼者的决定性区分。

本书对《帕默尼德》的注疏注重疏通文意，指示论证要隘。为便于研读，译者划分了章节并加了章节标题。历史上最著名的注疏是新柏拉图主义者普罗克洛斯的《帕默尼德评注》，该注疏对西方哲学传统影响深远，具有思想史意义。施特劳斯的亲炙弟子伯纳德特曾撰文讨论《帕默尼德》。经朗佩特教授指点，伯文对译者也多有启发。每章的"题解"和"附释"中融汇了这两种疏解。

译文依据伯内特（Burnet）校勘的希腊文本译出，另参考如下几个英译本：Sayre 译本、Whitaker 译本、Allen 译本、Scolnicov 译本、Conford 译本、Ryan&Gill 译本，本稿中的注释主要采自这些译本。

其他主要参考文献还有：米勒，《灵魂的转向：柏拉图的〈帕默尼德〉》，曹聪译，华东师范大学出版社，2016；Laurence Lampert, "Reading Benardete: A New *Parmenides*", *Interpretation*, vol. 44, 2018, spri.; Mehmet Tabak, *Plato's* Parmenides *Reconsidered*, Palgrave Macmillan, 2015; Kenneth M. Sayre, *Plato's Late Ontology*, Parmenides Publishing, 2005; Seth Benardete, *The Archaeology of the Soul: Platonic Readings of Ancient Poetry and Philosophy*, St. Augustine's Press, 2012。

曹聪
2013 年初稿
2018 年第二稿
2020 年第三稿

帕默尼德

场景一　异邦客人的爱智之旅

[题解]《帕默尼德》是与《会饮》形式相同的讲述性对话,由名为克法洛斯的讲述人向无名听者转述。不难注意到,这位讲述人与《王制》的东道主、叙拉古老商人克法洛斯同名。一种解释认为这只是无任何特殊意味的巧合;另一种解释认为同名暗示同名异质,两个克法洛斯名字相同,天性迥异,差异尤其体现在二人对哲学的兴趣上。

克法洛斯和同伴是阿纳克萨戈拉的同乡,他们远道而来,向雅典的安提丰打听一场苏格拉底少年时与爱利亚哲人帕默尼德、芝诺师徒的交谈,而安提丰也是从对话亲历者毕托多罗斯那里听来的。

本篇对话涉及前苏格拉底哲学的众多学派,如阿纳克萨戈拉、爱利亚派、毕达哥拉斯派等。色诺芬和柏拉图都谈及阿纳克萨戈拉与苏格拉底的关系。色诺芬极力撇清二人的关系,柏拉图则承认苏格拉底一度对其学说怀有好感。阿纳克萨戈拉因哲学获罪是古希腊的重要历史事件,也是哲学史上的重要事件。因哲学获罪的第一人是他,而非苏格拉底。据说在他之后的阿波罗尼亚的第欧根尼也遭到过类似指控。

阿纳克萨戈拉应伯里克勒斯的邀请,于公元前456年或前455年来到雅典定居,后来受到狄欧佩忒斯打击伯里克勒斯的政治斗争牵连,于公元前437年或前436年被迫离开。雅典人依据公元前438年或前437年颁布的狄欧佩忒斯法令指控他的两项罪状是不虔敬和叛国,证据是其宇宙论认为天体是燃烧的石块。欧里庇得斯在《奥瑞斯特斯》第982行化用过阿纳克萨戈拉"臭名昭著"的学说,提到"抵达天地间悬挂的石头"。审判前夕,伯里克勒斯暗中送他到拉普塞库斯,他在那里住了十年左右,直至72岁离开人世。

因此,等到审判苏格拉底时,雅典人对如何给哲人定罪已经不陌生。苏格拉底面临同一处境的不同选择是思考"苏格拉底问题"的一条重要线索。

按照普罗克洛斯的解释,对话人物的不同家乡代表了伊奥尼亚人、爱利亚人和雅典人的哲学的不同品质。伊奥尼亚哲人不太关注理智世界,喜好精研自然及其运转。爱利亚哲人关注形相之存在，喜好探究意见对象。苏格拉底与柏拉图兼具二团体的旨趣，使低的臻于完美，高的益发精微。让我们把伊奥尼亚视为自然的象征，把意大利视为理智存在的代表，把雅典视为居间者——为灵魂提供一条上升之路，灵魂被唤醒，从自然转向理智。

克法洛斯 [126a] 就在我们从家、从克拉左美奈抵达雅典时，一下到市场，就把阿德曼托斯和格劳孔都遇上了。[1]

阿德曼托斯还握住我的一只手，"欢迎，"他说，

---

[1] 克拉左美奈位于小亚细亚的西海岸，是希腊古风时期的伊奥尼亚十二城邦之一，也是阿纳克萨戈拉的家乡。离家意味着克法洛斯一行人在听到哲人交谈前，先得摆脱与身体的联系，"家"代表着灵魂的身体。

阿德曼托斯和格劳孔是《王制》（又译《理想国》）的主要对话人。注意本篇开场出现的三个名字也都出现在《王制》对话开头，并且是苏格拉底的重要对话者。《王制》中的阿德曼托斯性情节制，代表城邦的朴素需要，与苏格拉底一起建立起"猪仔的城邦"。格劳孔则充满激情，是对话的推动者，代表难以满足的欲望。节制与欲望引导着本篇对话。

"克法洛斯啊，要是你们在这儿所需的任何东西是我们给得了的，就只管说吧。"[1]

[a5]"可不是吗，"我说，"眼下就为着一件事

---

[1] 注意从这里开始，下文反复提及"需要""要求""必要"。必须区分两种需要：一种是《王制》中猪仔的城邦提供的粮食、住房、衣服，或其他自我保全所需的资财。另一种是精神性的需要，即此处异邦人需要的逻各斯。异邦客人对逻各斯的爱欲推动了他们的远游。

异邦人雅典之行的向导是代表节制的阿德曼托斯，格劳孔同行，却一言未发。在《王制》486e，苏格拉底提醒格劳孔，节制是爱智者的必备品质："天然有分寸而温雅的心灵，它本能地就很容易导向每一个事物的理念。"

本段阿德曼托斯的动作和语言模仿了帕默尼德《论自然》一诗开篇女神的动作和语言：把[他的]右手握在她的手中，还说了这番话给[他]："……欢迎！"（残篇1.22）

帕默尼德的哲学箴言诗以第一人称"我"叙述了一位青年乘坐马车，由太阳之女引导着叩启正义大门，一路向上飞升，直抵无名女神的府邸。女神口传了关于真理之路与意见之路的教诲。

柏拉图笔下的旅程与帕默尼德笔下的旅程有个明显的不同，前者让爱智者从远方海岛下降至聚集着各类人的雅典市场，后者让爱智者远离人群和大地。

儿,我正准备去请求你。"

"那就说说这个请求吧。"他说。

[126b] 于是我说:"你那同母异父的兄弟叫什么名字?我实在记不得。我上次从克拉左美奈来到这里逗留时,他还是个孩子;自打那时起,已经过了好久。不过我想,他父亲名叫毕里兰佩斯。"[1]

[b5] "不错。"他说。

"那他自己呢?"

"安提丰。[2] 你到底最想打听什么呢?"

---

[1] 毕里兰佩斯是柏拉图的继父,第二次婚姻娶柏拉图的母亲,生了安提丰这个儿子。毕里兰佩斯这个人物不止一次出现在柏拉图的作品中。他出生于雅典的贵族家庭,身材高大,形容俊朗(《卡尔米德》158a)。他的第一次婚姻有一个名叫德摩斯的儿子(《高尔吉亚》513b)。他是伯里克勒斯的朋友,是公元前5世纪后期雅典的著名政治人物,曾长期出使亚细亚。

[2] 安提丰是柏拉图、格劳孔和阿德曼托斯兄弟的同母异父弟弟。他是本篇核心对话的第二重讲述人。苏格拉底与帕默尼德等人发生的核心对话由亲历者毕托多罗斯讲述给安提丰,再由安提丰转述给克法洛斯,最后由克法洛斯讲给我们和无名听者。

"这些人,"我说,"是我的同乡,热切的爱智者,[1] 他们听说这安提丰与那毕托多罗斯——就是芝诺的 [126c] 那个友伴[2]——交往甚密,他可以

---

1 "同乡"(politēs)指来自同一个城邦的同胞,"热切的爱智者"(mala...philosophos)即哲人,《智术师》216a 对异邦人的介绍也用了这个词。这句话提醒我们注意,爱智者首先是城邦民,其次是痴迷哲学的人。

2 毕托多罗斯是对话的亲历者,也是转述者。他是贵族子弟,曾于公元前 427 年被雅典派到西西里担任将领之职。《阿尔喀比亚德》119a 提到,他付钱从学于芝诺。修昔底德提到过,在公元前 425 年至公元前 424 年,西西里人同意结束敌对,要求雅典人停止影响西西里岛。双方达成协议后,雅典人放逐了毕托多罗斯。

柏拉图出生时恰逢毕托多罗斯的这次放逐,此时安提丰尚未出生。安提丰从毕托多罗斯那儿听到对话,应在驱逐令废止之后。修昔底德记载过,公元前 421 年尼喀阿斯和约("尼喀阿斯",一译"尼西阿斯")的签订者之一名叫毕托多罗斯,很可能是同一个人。

驱逐令废止后,毕托多罗斯重返政治生活。他是个年轻时爱好哲学,后来几经政治沉浮的人。柏拉图在《王制》503a 以下描述过潜在哲人离开哲学投身政治的种种遭遇。

凭记忆复述苏格拉底、芝诺和帕默尼德有一次聚会谈到的那些话,他曾多次从毕托多罗斯那儿听说过。"[1]

---

[1] 核心对话的主要参与者是苏格拉底和帕默尼德师徒。芝诺是帕默尼德最著名的弟子。《名哲言行录》记载了他蔑视僭主,英勇赴死的事迹,还指出他是"辩证法"的真正创立者,黑格尔采纳了这种说法。他凭借著名的"芝诺悖论"载入哲学史册。本篇中的帕默尼德明确提到,第二部分演示的辩证术从方法上看来自芝诺。不过需要注意,柏拉图提升了芝诺的辩证法,使之成为一门关乎哲学本质的哲学技艺,而不仅是一种论辩工具。

帕默尼德(又译巴门尼德)是前苏格拉底哲人中最著名的"存在派",与"流变派"赫拉克利特相对。他的作品现存一部名为《论自然》的箴言诗残篇,其中区分了真理之路和意见之路。

柏拉图不仅写下以他为主角的本篇对话,还在《会饮》(178b、195c)、《智术师》(217c、237a、241d、242c)、《泰阿泰德》(183e)反复向他致敬。苏格拉底赋予他特殊地位,赞美他"可敬又可畏",当回忆起自己青年时代与他的这次相遇时,称赞他"有一种超凡的深刻"。但是,柏拉图并不全盘接受其学说,而是暗含批评和改造,关键在于对"真意见"地位的不同看法。

他说:"你说得没错。"

[c5]"那么这些话,"我说,"我们现在必须听上一遍。"

"这倒也不难,"他说,"他少年时曾很好地精心练习过它们,只不过如今和他的同名祖父一样,把大把时间都花费在了马术上。[1] 不过,如有必要,就去他那儿吧,他不久前刚从这儿回去,他住得近,

---

另据《名哲言行录》记载,帕默尼德是爱利亚人,师承源流复杂,曾受教于克塞诺芬尼,也有可能是阿纳克西曼德的门生,据说与毕达哥拉斯派的交往也很密切,至少很亲近毕达哥拉斯派生活方式。据普鲁塔克说,他还是名副其实的哲人立法者,为母邦制订过律法,城邦民每年都要宣誓遵守帕默尼德制订的律法来约束执政官。

1 阿里斯托芬的《云》中那位引起父亲对苏格拉底不满的放纵青年斐冬尼德就是与祖父同名并沉迷马术。这是本篇第一次影射阿里斯托芬。稍后在 128a 和 128d 还有两次影射阿里斯托芬。128a 用《会饮》中阿里斯托芬讲辞中的圆球人式爱欲描述帕默尼德和芝诺师徒的关系。128d 则提到谐剧式地嘲讽哲人的人,这也很容易让人想起《云》对苏格拉底的嘲讽。

[c10] 就在梅里特。"[1]

[127a] 说完，我们就出发了，到府上把安提丰逮了个正着，他当时正在把一个马嚼头之类的东西交付给铜匠去装配。他一打发走那人，兄弟二人就向他表明我们的来意，他凭着上次的 [a5] 停留认出了我，还热情地欢迎我。于是，我们就请求他细细讲一遍那些话，他先是推脱了一下——说这项劳作实在是太繁重了——可是他随后又原原本本地讲了起来。[2]

[附释] 历史上苏格拉底死于公元前 399 年，假如帕默尼德在 65 岁参加了泛雅典娜大节，可能是公元前 450 年的那次，由此推断他应该生于公元前 515

---

[1] 梅里特是雅典的一个特殊的"区"，其间坐落着很多著名建筑，如雅典卫城。众人听讲之地即安提丰家，这个地点距市场和卫城都很近，位于政治生活的中心地带。

[2] 正式进入核心对话的忆述前，安提丰推脱一番，进入辩证术演示前，帕默尼德也推脱一番，二人的理由都是任务艰难。两个情节烘托出对话核心内容的艰深。接下来的论题对于讲述者与读者均非易事。

年前后。但据拉尔修的记载,第六十九届奥林匹亚大会时(前504—前501),帕默尼德40岁。假如采信此说,他就生于公元前540年左右,本篇提到的65岁也就是公元前475年前后,那么苏格拉底不太可能在青年时代和他对话过,这场对话就是柏拉图的虚构。

场景二　宗教庆典与哲人聚谈

[题解]这里开始进入安提丰的转述。时代背景是苏格拉底少年时代参加的一次泛雅典娜大节。

雅典人每年仲夏会举办泛雅典娜节纪念城邦守护神雅典娜的诞生,借此凝聚城邦民。这个节日每四年会有一次大型庆典活动叫做"泛雅典娜大节",内容包括游行和竞赛等。根据雅典娜大节的日期和苏格拉底的出生日期推测,这场交锋的戏剧时间是公元前446年或公元前442年,苏格拉底大约十八九岁的年纪。

对话反复强调苏格拉底的年轻(127c、130e、135d),这正是《帕默尼德》最特殊的设定。苏格拉底在本篇中不同于在其他对话中的身份,他不是循循善诱的夫子,而是受教育的青年。本篇上演了苏格拉底的哲学成熟前的至要时刻。

于是，安提丰说：

毕托多罗斯曾经说过，[127b] 芝诺和帕默尼德结伴是为了泛雅典娜大节而来。帕默尼德已经是位长者了，苍苍银发，洵美且仁，至多不超过六十五岁。[1] 芝诺那时候年近四十，[b5] 看起来身量颀长，傥傥自得，据说已经成了帕默尼德的宠儿。[2]

他说，他们落脚在 [127c] 毕托多罗斯那儿，就在城墙外面的克拉枚寇。[3] 于是，苏格拉底和其他几个一道的人相伴而往，想去听听芝诺的文

---

1 帕默尼德美好的外表是其生活方式的结果，灵魂之美映照于身体。注意区分"长者"与"老者"，希腊人认为七十岁以后才是老者，帕默尼德现在只是有点年纪，还不算是积古老人。对比《蒂迈欧》22b，埃及祭司对梭伦说："你们希腊人总是小孩子。在希腊，没有人能成为老人。"

2 "宠儿"（paidika）一般特指古希腊人同性恋关系中的少男一方。这里暗示芝诺不仅是帕默尼德的弟子，也是他的情伴，两人是《会饮》里阿里斯托芬意义上的爱欲关系，即通过合二为一达成圆满，这也象征着对哲学的一种理解。

3 克拉枚寇位于雅典西北角，是雅典人心目中最理想的安葬地，也是泛雅典娜大节游行活动的起点。

章——毕竟那个时候他们首次带过来——苏格拉底那个时候还［c5］特别年轻。[1] 于是，芝诺本人诵读起来，当时帕默尼德恰好在外面。［127d］毕托多罗斯说，他进来的时候，只余下很短的一段话还没有读完，他和帕默尼德本人，还有后来成为三十僭主之一的那个亚里士多德从外面进来，[2] 只听到文章的一小段。不过，他自己先前已经在［d5］芝诺那儿听过了。

---

1 场景二中明确提到名字的参与者共有五人，他们是帕默尼德、芝诺、苏格拉底、毕托多罗斯和亚里士多德。此外，苏格拉底在129d提到"我们是七个"，故此处的"其他几个"是苏格拉底带来的两位无名友伴。有人将此处无名的二人解读为隐喻"未定之二"。

2 亚里士多德是对话第二部分的主要参与者。公元前404年，雅典在伯罗奔半岛战争中败给斯巴达，此后，柏拉图的叔父克里提阿斯领导"三十人"接管雅典政权。三十人短暂而血腥的恐怖统治终结于公元前403年初，他们陆续被处决。本篇出现的亚里士多德不是柏拉图的学生亚里士多德，而是"三十人"中较为极端的一个。有人认为柏拉图设置同名角色是在影射哲人亚里士多德，他们推断本篇关于形相和辩证术的讨论是为了纠弹亚里士多德对第一哲学的看法。

[附释] 除了苏格拉底本人描述的年轻时的自己之外,我们只能在《帕默尼德》里捕捉到成为苏格拉底之前的苏格拉底。《斐多》中的苏格拉底在临终之际陈述了他年轻时从目的论宇宙论的转向。《会饮》中的苏格拉底扼要复述了自己关于爱若斯之谜的教诲,并且加入了一段他年轻时一位名叫第俄提玛的女祭司向他传授的爱欲教诲。

根据《斐多》(96a-100a)中的描述,苏格拉底回忆年轻时转向"诸形相"的内在理据是:

第一,与传统哲学探究一样,苏格拉底也致力于"探究自然",亦即"观看事物的真理",这种探究的实质是"看到每个东西的原因,每个东西因何产生、因何消亡以及因何存在"。

第二,苏格拉底对传统探究方式不满,因为无论是自然元素,还是阿纳克萨戈拉的"努斯",都无法解释"每一事物为何如此安排最好"。所谓"苏格拉底的哲学转向"源于对作为美好秩序的"原因"的认识,善或秩序的概念被苏格拉底置于这个探究自然的新方式的中心。

第三,对秩序的认识不可能通过对自然的"直接观看"获得——这种观看"恐怕会毁了眼睛",

"彻底把灵魂搞瞎",因此,只有"逃入逻各斯",才能正确地观看自然。

最后,借助逻各斯探究"原因"成为苏格拉底转向的关键。这种探究方式从个别事物的善出发,借助逻各斯的运动探究整体之善,亦即自然整体的秩序;苏格拉底由此说道,在这里作为个别事物之善的"诸形相",是关于个别事物之善作出一种"设立"或假设,本质上是关于事物之"所是"或原因的逻各斯。

第一场　少年苏格拉底的挑战

[题解]一元论者芝诺的论文用辩论技巧反驳多元论者。《泰阿泰德》180d-181a 讨论过这个背景，即所谓前苏格拉底哲学的"存在之战"。多元论者主张绝对的流变，一元论者主张绝对的静止。从荷马到赫拉克利特，再到智术师，这些人都站在流变一端，由于流变与杂多更符合人的感觉对现象的感知，这一派人多势众，帕默尼德是少数反对者。双方的学说让当时的爱智者们进退维谷，这正是柏拉图试图重振秩序时必须面对的问题语境。

按柏拉图对话的戏剧时间，在这里，苏格拉底在整个哲学生涯中首次用到"形相"概念。在柏拉图之前，这个词不是哲学术语，而是谈日常生活经验的语词。本篇中"理念"和"形相"分别对译 ideas 和 eidos。柏拉图从未使用过术语"形相论"（又称"理念论"），这个哲学术语最早应见于亚里士多德的《形而上学》。

注意，对话第一次出现"形相"搭配了动词"相信"。"相信"一般用于表示对神明的信奉，例如《申辩》24c1，原告用这个词问苏格拉底是否信奉城邦的神祇。在《王制》卷六，苏格拉底借助太阳神引入分线喻和形相，他问到，哪位神明是我们能够去看、事物能够被看的原因（508a）。

正是由于格劳孔和阿德曼托斯一众人等熟知阿波罗等希腊诸神的存在状态——不可见的自足存在者和善之原因，他们迅速接受了苏格拉底提出的"形相"：永恒自足、无形、无法用人类感官把握。换言之，苏格拉底没有严肃地证明形相的真实存在，而是暗示它是一种被相信如众神般自在之物。

一与多的谐剧

苏格拉底听罢，催芝诺重新读第一段的第一假设，读完之后，[127e] 他就说：

"芝诺啊，你说这些东西想干什么？如果诸存在者是多，那么它们就必须得既相似又不相似，这却根本不可能。因为，不相似的诸物不可能相似，相似的诸物也不可能不相似。你不就是这样说的吗？"

[e5]"正是这样。"芝诺说。

"相应地,若是不相似的诸物相似以及相似的诸物不相似均不可能,那么,它们也就不可能是多?如果它们是多,它们必定遭遇这些不可能。那么,你的那些论证想谋求的,不正是抛弃所有[e10]旧说,去主张'不是多'吗?可你不认为你的每句话都是这一点的明证吗?你想想看,你写下了多少个论证作为证明[128a]'不是多'的证据?[1] 你是这样说吗?或者我没很好地探明?"[2]

"不,相反,"芝诺说,"你美妙地把握了我通篇论著的意图。"

1　芝诺的论证意在捍卫"[存在]不是多/多不存在"的主张。苏格拉底指出,芝诺要反对多元论,却说了许多的道理证明多不存在,这个做法本身就明显与其要证明的道理相悖:芝诺在逻各斯中证明的"不是多"与他所用的言辞之"多"的现象构成了鲜明对比。

2　本篇没有呈现芝诺论文的全貌,我们只能通过苏格拉底在这里概括的大意来推测全貌。根据苏格拉底的说法,芝诺的论证是:首先,如果事物是杂多的,它们就会既相似又不相似。其次,任何东西都不能既相似又不相似。结论,事物不能是杂多的。

第一场　少年苏格拉底的挑战

"我明白了,"苏格拉底说,"帕默尼德啊,这位芝诺[a5]可不只想让自己在别的情事上与你和鸣,还想在写作上呢。他的笔法奇诡,这一点与你一模一样,他试着稍作变换就彻底蒙过了我们,以为他说的是另一回事。你在诗里说,'整全是一',[128b]你对这一点还做过瑰玮的论证,这个人就从另一面表明'不是多',他也给出了诡谲的证明。而今,一人论'是一',一人辩'不是多',二人说的似乎不是一回事,[b5]实际上说的几乎是同一回事。你们的话似乎都说得超越了我们其他人。"[1]

"对,苏格拉底啊。"芝诺说,"不过,你尚未

1　关于"多"的所有言辞都暗含芝诺要与帕默尼德成为一体的尝试。芝诺的言辞正是他的灵魂剖白。它们无关对错,而是以一种精妙的方式吸引他人成为一体。

简而言之,可以完全借助爱若斯来理解芝诺,而且要借助阿里斯托芬定义的那种爱若斯。尽管阿里斯托芬的解决方案否认爱若斯与思想的关联,芝诺却把爱若斯用来为纯粹的思想服务,他为自己对帕默尼德的爱献出完美的礼物。

探明这篇文章的全部真相。[1] 但［128c］你就像一只斯巴达猎犬，善于追踪与捕获说出的话。[2] 可是，

---

[1] 罗森提醒我们注意，芝诺的文章不否认帕默尼德的假设会带来可笑的结果，它只是断定，对立的假设同样可以推出可笑的结果。技术哲学（如今称之为本体论）有两条原初假设，若是各自孤立地看，两者都是可笑的。哲学想要摆脱其戏剧的本质，或者不再作为一个玩笑（如果哲学根本上是个玩笑），唯有以一种不可笑或严肃的方式结合这两条假设。

哲学寻求理解整体。它寻找第三假设，这个假设以一种不可笑的、内在连贯的方式坚持一与多。若完整地、内在连贯地表述出来，第三假设就是智慧，就是哲学爱欲的满足。

然而，论爱欲的两篇柏拉图对话清楚地表明，智慧只有对神们才是可能的，不是凡人所能拥有的（如《斐德若》278d3-6）。在柏拉图看来，人顶多能搞哲学，即爱智慧，只能不完整地推辩言说，但是不完整地推辩言说仍是有限度的，故而也是可笑的。

[2] 参《王制》376a-b，苏格拉底用狗来比喻护卫者，为了说明护卫者身上必须兼具勇敢与"爱智慧"，他说，狗对生人怒吠，对熟人摇尾，这种行为正是"一种对智慧有真正爱好的表现"。

你一开始就忽略了这一点：这篇文章根本没有装腔作势，像你说你对我所写的东西理解的那样，要去蒙蔽众人，[c5] 好像这是件多么了不起的成就。不过，你说中了结果，它们是真正的辅助，对于帕默尼德的逻各斯来讲，[1] 它们迎战了那些试图 [128d] 嘲讽它的人：如果'是一'，[2] 论证可以推导出许多荒诞厄言与自相矛盾。所以，这篇文章冲着那些多的鼓吹者去辩驳，并双倍奉还。它意欲彰显，[d5] 他们的假设'如果是多'相较于'是一'这个，会遭受更多的荒诞结论，倘若对它也加以充分考察的话。[3]

1　芝诺称帕默尼德的诗为"逻各斯"，称自己的作品是"文章"。逻各斯是个整一，而文章是个杂多；前者是原型，后者是影像。

2　ei hen esti 有两种译法：第一种是"如果 [它] 是一"（即整全是一），即把"是一"作为述谓；第二种是"如果一存在"，即把"一"作为主语。本篇中的论证正是在巧妙运用两种情况互相转化中完成的，很难严格区分。

3　在《泰阿泰德》153a，苏格拉底给前辈哲学划分了阵营——帕默尼德与其他人，除帕默尼德之外，其他人都站在永恒流变一边。苏格拉底指出，与这一派抗衡异常年轻时的我出于争强好辩写下了它，写成之后就被人盗取了。所以容不得我自己决定是否［128e］让它见光。[1] 正是这一点逃脱了你的注意，苏格拉底啊：你揣测我写它不是出于年轻人好争辩，而是出于成年人好荣誉。尽管如我所说，你说得很不错。"

形相论首次登场

［e5］"我接受，"苏格拉底说，"我也相信你说的话。不过，你跟我说说：你难道不相信存在着［129a］某个相似之形相，[2] 其自身所

艰难，很容易"沦为笑谈"。芝诺文章的意图即证明多元论者所持之见同样可以沦为笑谈。

[1] 对参柏拉图在《斐德若》（274b 以下）假托古老传说对比了"说出的逻各斯"与"写出的逻各斯"，传达出对逻各斯的怀疑：写出的逻各斯易遭误读，脱离本义，从而脱离真实；更关键的是，书写的内在限度使之只能传达部分真实。

[2] "形相"一词最早见于荷马、赫西俄德的诗，用来表示人或动物的可见外观，相对于内在品质。此用法一直延续至埃斯库罗斯和索福克勒斯。

是，[1]以及与之相对的另一个，即不相似

在古希腊史家笔下，该词的含义扩展至描述行动。希罗多德在《原史》中用这个词的复数形式描述一件事的发生、发展和完成之方式。他还用这个词描述过具有共同外观的全体事物，自此它开始具有"类"的含义，但尚未明确指称"类"，希罗多德仍用 genos 表示"类"。修昔底德也用这个词描述一件事或一个行动的情态，而非一件东西。他描述政府类型时也用过此词，此时就有了"类"的意味。

前柏拉图的自然哲学开始用这个词描述自然现象的状态，表示类特征，具有较高的抽象意味，如希珀克拉底和恩培多克勒。此外，柏拉图的用法也与毕达哥拉斯学派的理念数有关。

1 "其自身所是"（auto kath'hauto），auto 叠加到反身代词 hauto 上，即"其本身"，表示自在自足，与 pros ti 相反。关于这个短语的非哲学术语用法，如色诺芬《回忆苏格拉底》3.5.4。kata 在本篇通常被理解为"关于""涉及""由于"等等。也有人认为不应被理解为"由于"，理由是柏拉图表示原因时常用与格（例如本篇对话的 139c6）或 dia（例如《美诺》72c8）。

"其自身所是"是柏拉图对形相的限定。《斐多》75d 提及形相的地方，苏格拉底的表述是："盖上这个'其自身

者¹：我和你，以及我们说是多的其他东西参有²此二者³？而且有了相似就变得相似，[a5] 程

所是'封印的所有东西。"苏格拉底在哲学生涯的开端和终点都未曾给出形相论的完备论证，确如亚里士多德所说，柏拉图把这类问题"留给大家去琢磨"（《形而上学》987b11-14），形相与分有是一种"诗的比喻"（《形而上学》991a24、1079b25）。

1　"不相似者"（ho estin anomoion）在这里相当于"不相似"之形相，ho estin 表示强调，同样的表述也出现在《斐多》74d、92e，《王制》532a7、532b1、533b2，侧重强调绝对性。

2　此处一般被称为柏拉图的"分有说"，也就是对形相和可感知事物关系的一种描述：可感知事物通过"分有"对应的形相获得名称和属性。本篇交替使用 metalambanō [参有] 和 metechō [分有] 表示这种关系。有人认为前者对应"生成"，后者对应"存在"。但苏格拉底解释形相与事物的关系时，交替使用这两个词，并未遵守这个原则，这里没有建构起一套严谨的"分有说"。故本稿注释不再区别使用"分有"和"参有"，而是统一用"分有"，即使原文使用"参有"时亦如此。

3　"二者"指两个相反的形相，即"相似者"与"不相似者"。

第一场　少年苏格拉底的挑战　　　　25

度有拥有它的那么大,[1]〔有了〕不相似则不相似,〔有了〕兼具则就兼具。可若这些东西全都参有了对立存在的此二者,还因为参有了此二者就既像又不像它们〔129b〕自己,有什么可惊异?[2]

"倘若有谁宣称,诸相似者自身[3]变得不相似或不相似者〔变得〕相似,我会认为这是奇事。

"可是,如果他宣称,分有此两者之物同时经历两种情况,那么,芝诺,在我看来,〔b5〕这显得毫不离奇。这样也不离奇,倘若他宣称,所有东西因分有了一是一,同样的东西也分有了多就是多。

"不过,若是有人证明,那一之所是自身是多,

1　这些分有者在多大程度上分有"相似"(名词)就在多大程度上变得相似(形容词)。

2　从这里开始,苏格拉底的独白六次出现"惊异"(129b1、c1、c3、c4、d5、e3)。对参《泰阿泰德》155d,"哲学是惊异之女"。"惊异"标志着对话进入纯哲学探究。

3　希腊文此处是复数,直译为"诸相似者自身"。洛布版意译为单数形式的"绝对的相似者",英译本一般都保留复数形式。柏拉图在这里用复数形式指称绝对的相似者自身显得有些奇怪,但类似用法也出现在了《斐多》74c1。

而这多其实是［129c］——我当然会惊异于此。所以关于其他所有的情况也一样：假如有人宣称诸类和诸形相在其自身经历相反的这些情况，就值得惊异。[1]

"可倘若有谁证明，我既是一、又是多，又有什么可惊异的呢？当他想要证明多时，［c5］说的是，我的右边是一个，左边是另一个，前面一个，后面另一个，上面下面也是如此——我就认为我分有了多——但是当他想证明我是一时，他会说［129d］我们是七个，我是一个且分有了一。[2] 他说明的两种情况皆属实情。

---

[1] 复数形式的"类"和"形相"（auta ta genē te kai eidē）作为同义词同时出现。

[2] 一种观点认为，这里的"七个"表明在场者应该有七人。克莱因据此断言，除去五人已给出姓名，尚有二人身份不明，此即"未定"。他认为柏拉图在情节上设置此二人的目的是模拟"未定之二"本身。克莱因把《帕默尼德》定位为"有关未定之二的拟剧似呈现"。另有一种观点认为"七"不是指七人，而是指苏格拉底所说的右、左、前、后、上、下与"他自己"，即苏格拉底既在多中（"我们"是七个），又在一中（因为他是一个人）。

[d5]"那么,若有谁开始说明,一些石块、木头以及诸如此类之物自身既是一又是多,我们就说他在说某个东西既是一又是多,而一不是多,多也不是一,他说的那些并不值得大惊小怪,反倒只不过是我们其实都那样说的。

"但是,有谁像我说过的那样,先单独分出[1]诸形相自身,诸如相似与不相似,多[129e]与一,静止与运动,以及所有此类东西,接着又宣称这些东西在它们自己之间能够结合与分离,[2] 那么我,至于我,也惊异地佩服他。"

他说:"芝诺啊,我确信你相当勇敢地完成了这

---

1 "单独分出"(chōris)还出现在130b2、3、4,这个词是爱利亚的帕默尼德本人在《论自然》残篇8中讨论"多"时用到的术语。

2 《斐德若》说辩证术家是对"分离与结合"有爱欲之人,所谓辩证术之合即"统观分散在各处的东西,然后把它们引领至一个形相……"(265d);辩证术之分即"按其自然生长的关节处依据形相切分这个……"(265e)。形相作为一种自然标准出现在辩证术中:辩证术的两个组成部分——结合与区分——必须借助形相(理念)完成,在这个意义上,形相(eidos)与类(genos)是同义词。

些,如我所说,[e5]我会更加感佩,若谁论证在诸形相自身中也有同一个错综复杂的困境,[130a]正如同你俩所展示的,在可见物之中,也在那些靠推理把握的东西之中。"

[附释]少年苏格拉底用"形相论"指出芝诺论文混淆了"可见物"和"靠推理把握的东西(en tois logismōi lambanomenois)"。

但他也坦承自己在形相的分与合上陷于僵局(aporia)。这是一种若有所失、无处可逃的两难处境,成年后的苏格拉底经常声称自己处于这种状态,他也经常将别人引入这种状态(如《美诺》80a-d)。这个词是《帕默尼德》(共六次用到其名词或动词形式),乃至柏拉图作品中的关键词,象征着某类问题本身的特质。

第二场　帕默尼德的循循善诱

[题解] 这部分是帕默尼德教育苏格拉底。柏拉图对话中的苏格拉底通常带着"助产术"以循循善诱的教育者身份出现，但这里的帕默尼德取代了他一贯的地位。在其他对话中，柏拉图让苏格拉底表达对帕默尼德的敬畏（《泰阿泰德》183e），也大胆宣告要"弑父"（《智术师》241d-249d）。帕默尼德与苏格拉底的关系是个值得思考的问题，有助于理解"苏格拉底转向"。

帕默尼德的盘问始于对少年苏格拉底意图的揭示，即对"形相与价值秩序"问题的关注，终于对存在论哲学最终困境的揭示，即颠覆性的"知识与统治"难题。整个过程借助了各种逻辑论证工具，尤其是两轮著名的"第三人论证"。

毕托多罗斯说，当苏格拉底这么说着时，他自己揣摩着帕[a5]默尼德和芝诺随处都可能大为光火；但他们二人都对苏格拉底很重视，还时不时地相视而笑，仿佛赞赏苏格拉底似的。苏格拉底停下来时，帕默尼德其实说了这番话。

形相与秩序

"苏格拉底啊，"他说，"你值得［130b］赞赏，因为你对论证的这股热情。且说给我听，你自己也如你所说的那样做区分吗？一边分离出形相自身，另一边分离出它们的分有者？在你看来，相似自身与我们有的那种相似也要分离开吗？还有，［b5］一与多，以及你已经从芝诺那儿听到的所有东西？"

"我是这么看的。"苏格拉底称。

"还有这些东西，"帕默尼德说，"好比正义之形相自身，还有美之形相与好之形相，以及所有这类？"

［b10］"是的。"他表示。[1]

---

[1] 一般称第一类为数学概念，第二类为价值概念或道德概念。注意，苏格拉底毫不迟疑地肯定这两类东西有

[130c]"这类又如何呢,人之形相分离于我们、以及和我们类似的所有东西吗?人、火、水也有个形相吗?"

他说:"帕默尼德啊,关于它们,我其实屡屡陷于困境——得说它们和那些一样呢,还是不一样呢?"[1]

[c5] "苏格拉底啊,还有这些荒诞无用之物呢,诸如毫末、尘垢、恶浊,或至轻至贱者,你是

形相,帕默尼德先提出这两类事物,表明他看出苏格拉底最初设想形相时针对的正是这类事物。

1　帕默尼德接着又问第三组,人、水、火之类是否有形相。按照亚里士多德的划分,水、火属于自然物(《形而上学》1028b)。少年苏格拉底开始显得迟疑,自称陷入僵局。《斐勒布》(15a)和《蒂迈欧》(51c)的苏格拉底又重提人和自然物是否有形相的问题。

一种说法认为,人之形相指向智术师运动的人类中心论立场,火与水影射赫拉克利特和泰勒斯的自然哲学把宇宙事物相对化为某种宇宙中的元素,并将这些元素视为万事万物的始基。苏格拉底对此持犹疑态度。人本主义的与宇宙论的立场反映了没能超越属于"意见"以及通过意见所感受到的世界的各种区分。

否在困惑于必须或不必称这其中每个都有独立的形相、[130d] 那些异于我们可触及的东西呢?"

"绝不会,"苏格拉底说,"恰恰相反,那些东西只是我们所见之物;要相信存在着它们的某个形相恐怕太过离奇。搞不好所有这些也都一样,这倒是令我时常忧心忡忡。所以,每当我陷于此境,就仓皇逃走,唯恐堕于无稽之谈而自毁。[d5] 于是,我跑到这儿来,跑到我们刚才说的一定有形相的那些东西,在这些东西上花费时间。"[1]

[130e] "因为你还太过年轻,"帕默尼德说,"苏格拉底啊,热爱智慧尚未如我所料,如它必将

---

1 苏格拉底否认无价值的东西有形相,这表明他在可见事物与不可见形相的区分中暗含了一种价值秩序——可见物意味着无价值,形相意味着有价值。换言之,少年苏格拉底的形相关乎善。

综观第一轮问答整体,帕默尼德问什么东西有形相,苏格拉底的答案明显具有价值取向:正义、美、好必有形相(130b),毫末、尘垢、恶浊或至轻至贱者绝无形相(130c-d),自然之物尚不确定(130c)。这呼应了《斐多》中的苏格拉底临终前对哲学生涯之初的回顾(96a-100a)。

第二场　帕默尼德的循循善诱

吸引你的那般吸引你，待到那时，你就不会看轻它们中的任何一个了；可现在，你由于年纪的缘故，还是注重众人的意见。[1]［e5］你可会认为，如你所说，存在诸形相，其他那些东西因参有了它们而获得各自之名称，［131a］比如，由于参有了相似就变得相似，参有了大就大了，参有了美和正义就正义了、美了？"[2]

"当然。"苏格拉底说。

1　对参《王制》485b 以下，苏格拉底与格劳孔讨论真正的哲人的天性时说："爱［存在］全部的人，不愿放过任何部分，无论大小，更多价值还是更少。"帕默尼德试图暗示少年苏格拉底，假如从逻各斯的角度看，道通为一，齐同万物，这个视角得出的结论常与大众意见相左。

2　帕默尼德补充苏格拉底之前未提到的一点，分有者分有形相后，获得相应的名称（130e）。至此，所谓"少年苏格拉底的形相论"，其要点已经全部呈现：1. 诸形相自在（128e-129a）；2. 他者（可感对象、分有者）通过"分有/参有"某形相获得相对应的属性（129a）；3. 形相自身不可兼具相反属性（129c）；4. 人通过推理把握形相（130a）；5. 分有者分有形相获得其名称（130e）。

时日喻与帆布喻

[a5]"每个参有者不是要么参有形相之整体,要么参有[形相之]部分吗?[1] 还是说,会出现其他某种这之外的参有?"

"怎么会呢?"他说。

"那么,照你看,究竟是形相是个整一,寓于多之中的每一个呢,还是别的什么情况呢?"

[a10] 苏格拉底说:"帕默尼德啊,有什么妨碍它是一呢?"[2]

---

[1] 对参帕默尼德《论自然》残篇 8 中提到拥有整体与部分的"存在"。帕默尼德说它"完整、单一、不动、完满"(行 4),是"不可分的"(行 23),同时又说它是"有界限的""从中心到边缘各点都相等的浑圆球体"(行 42-44)。柏拉图在这里暗示,帕默尼德对"存在"的这种描述是矛盾的,第二部分的辩证术将进一步揭示这个矛盾。

[2] "有什么妨碍"是一个辩证法与假设法的术语:只要"没有什么妨碍"一个假设为真,这个假设就成立。当有任何东西"妨碍"假设为真时,就会出现"僵局"(aporia)。假设步骤的目标在于通过提出一个有效的假设重建希望得到的结果,即一个"没有任何妨碍"为真的有效假设。

[131b]"因为,既然是一且同一,形相整体将会同时存在于许多个独立之物中,那么它就会自我分裂。"

"不会,"他说,"至少,就好比说,它就像是时日,是一且同一,[1] 既能同时存在于各处,又绝不会 [b5] 自我分裂,若是这样,每个形相就能既是一,寓于一切之中,还都同一。"

"干得漂亮,"他说,"苏格拉底,你把是一且同一的东西同时置于许多地方,就好似你用一张帆布[2]

---

1 是一且同一的时日(hēmera... mia kai hē autē),hēmera 另一个含义是日光。苏格拉底此处举的这个例子类似"月印万川",即借助一个非质料性事物比喻形相既可以保持整一与同一,又同时分殊于各事物。

2 帆布喻取代时日喻的关键在于帆布是质料性的。帕默尼德用空间性的比喻偷换了苏格拉底时间性的比喻,假如柏拉图安排苏格拉底意识到这个关键性的偷换概念,随后的论证方向将被彻底扭转。一种观点认为,苏格拉底下意识提出时日喻,同时又无意间接受时日喻被帆布喻轻易替代,没有意识到这个关键转换,这体现了苏格拉底此时的哲学还缺乏清晰性。另一种观点认为,柏拉图的这个安覆盖住许多个人，你会说多上之一是完整的。[1] 还是，你不打算这么说吗？"

[131c]"也许吧。"他说。

"那么，在每一个[人]之上的是帆布的整体，还是它的个别部分呢？"

"部分。"

[c5]"那么，"他说，"苏格拉底，诸形相自身就是可分的，而且这些分有者们分有了它们的某个部分，不是形相整体，是每个形相的个别部分，存在于每个[分有者]之中。"

"看起来是这样。"

"那么，苏格拉底啊，你愿意说，一个形相对我们来说[c10]确实可分割，它却还仍然是一吗？"

"绝不会。"他说。

分与合的难题

"因为，你看，"他说，"倘若你分割了'大自

排意在强调，少年苏格拉底没能坚持让形相彻底超越感官。

1 "多上之一"（hen epi pollois）是爱利亚的帕默尼德本人对"存在"的描述。

身',[131d] 许多大的东西当中的每一个,就都是凭着小于'大自身'的一个部分而是大的,这看上去不就不合理了吗?"

"当然。"他说。

"这又怎么说?每个东西若取得'相等'的一小部分,[d5] 是否就凭这小于'相等自身'的部分能与任何事物相等?"

"不可能。"

"还有,倘若我们中谁有了'小'的一个部分,由于这东西是它自己的一个部分,'小'就大于它的这个[部分],这样一来,'小自身'就会比较大;无论这个被取走的[部分]被加诸什么东西[131e],这个东西都会比原先更小,而不是更大。"

他说:"肯定不能发生这种事。"

"那么,"他说,"苏格拉底啊,其他东西还会怎么参有你的那些形相呢,既然它们既不能部分地也不能整体地[e5]参有?"[1]

---

1 帕默尼德在本小节(131c-e)提到的形相如可见物一样可切分,有整体与部分之分。他举了三组例子,大、相等、小:大的东西分有"大本身"的一个部分,这

"凭宙斯之名,"[1] 他说,"照我看,要明辨这些绝非易事。"

第三人论证之一

"那么,这个呢?你怎么看这个?"

"哪个?"

[132a]"我想,你相信每个形相是一,乃是由于这么一回事:当你认为很多东西大的时候,观看全体时,兴许你觉得有一个共同的理念,所以你揣测大是一。"[2]

个部分小于"大本身",那么大的东西不应因分有较小者而大;相等的东西分有"相等本身"的一个部分,这个部分小于"相等本身",同样,相等的东西也不应因分有较小者而相等;"小本身"的部分小于"小本身","小本身"反而成了较大者。帕默尼德的论证成立的关键在于把形相视为质料性的。

[1] "凭宙斯之名"是本篇哲学对话中唯一一次凭奥林波斯神起誓。

[2] "理念"(idea)在本篇中首次出现。这个词出现在132a2、133c8、134c1,替代形相(eidos)和类(genos)。

[a5]"说得对。"他说。

"但'大自身'和其他大的东西呢,倘若你再这样凭灵魂观看这全体,岂不又该显现出某个'大'吗,这全体因它才显得大?"[1]

"似乎是。"

[a10]"于是,另一个'大之形相'就出现了,产生于'大自身'及其分有者旁;在这全体外再次[132b]出现另一个,这些全体再次因它而大;这些形相的每一个,于你而言,就不再是一,而是无限多。"[2]

所谓"柏拉图的理念论"实际上用到 idea 和 eidos 这两个不同的词,至于这两个词究竟只是词性差异,还是有本质区别,众说纷纭。有人提出理念有别于形相,更侧重于本质、特征的含义,不能与"类"互换。又见于《王制》507c、596b。

[1] 在这里形相是可感知事物显现出某属性的原因,同时它自身也具有可感知事物所具有的那种属性。帕默尼德表明,假如形相与可感知事物具有相同性质,就意味着二者是同一层级,这样一来,就与之前借分有关系建立起的形相与可感知事物的上下层级关系矛盾。

[2] 本节(131e-132b)即著名的"第三人"(ho tritos anthrōpos)论证。该术语初见于亚里士多德著作(《辩谬篇》

形相作为思

"可是,"苏格拉底说,"帕默尼德啊,每个形相恐怕都是一种思想,除灵魂中,无处适宜它 [b5] 产生;如此一来,每个形相就是一,还不会遭受你方才所言。"[1]

"是吗?"他说,"每种思想都是一,却无所思?"

[b10] "这不可能。"他说。

"那就是有所思吗?"

178b36、179a3;《形而上学》990b17、1039a2-3、1059b8、1079a13)。亚氏在《形而上学》卷一(990b)提到,关于形相的精密论证会导致诸多困难,"第三人"即其中之一。

[1] 这里说形相是一种"思想"(noēma),苏格拉底是在重申130a处提到的形相靠推理把握,即形相是思之对象。但苏格拉底在这里说得很含混,没有明确指出形相是思之对象,还是思之行为。接下来帕默尼德会利用这一点偷换概念。这句话的希腊文表述含混,有两种译法,另一种译法是:"或许这些形相的每一个都是关于这些东西的一种思想。"

"对。"

[132c]"[思考]存在的东西?还是不存在的东西?"

"存在的东西。"

"是不是那一个东西,思想把它思考为全体之上,为某一个理念?"

[c5]"对。"

"那么,这个被思考为一的东西,不就是一个形相吗,它永远寓于全体之中,又是它自身?"

"看来必然如此。"

"但是,"帕默尼德说,"你说过,其他东西必然分有形相,那么,你岂不就是认为,每个东西都由思想构成,万物都在思考?还是说,尽管它们是思,却不思?"[1]

---

1 苏格拉底在本小节(132b-c)试图把形相/理念视为一种存在于灵魂的思想,试图再次区分形相与其分有物。苏格拉底区分了用灵魂观看与用眼睛观看:他把形相视为"可理知的",把分有物视为"可感知的"和"可见的"。但是,苏格拉底的措辞仍然未使形相彻底摆脱物质性,形相"在灵魂之中",意味着它仍有位置。

第三人论证之二

"可这讲不通,"他说,"相反,帕默尼德啊,[132d] 照我看,这样才最能讲得通:这些理念像模型般立于自然之中,其他东西则作为相似者与之相似,在其他东西那儿出现的对形相的这种分有,无非就是作为它们的相似者而已。"[1]

[d5] 他说:"那么,假如某个东西与一个形相

苏格拉底此前把分有关系解释为一种物质性关联,现在他试图把形相解释为一种精神实体。帕默尼德把这两点结合起来质问苏格拉底:倘若形相是思想,那么分有者是否也由思想构成(一种物质性关系);倘若形相是思之行动,分有者分有了思,是否也都在思考。

[1] 苏格拉底这次应对帕默尼德时提出了两个要点:1. 形相在自然之中;2. 形相与分有物的关系是相似关系。第一点是为了克服帕默尼德上一次提出形相在灵魂中时遇到的思之疑难。第二点应对了"分有关系"的质料性,从而避免第一个第三人论证的倒推。

模型必须从开端起就是自在的,相似者则必须只能经由且参照它而存在。《王制》卷六的老年苏格拉底仍会用这个类比,这个类比的关键是建立形相的优先地位。

相似,既然它是参照着形相模仿出来的,这个形相能不与这个相似者相似吗?还是说,另有什么手段,相似者倒不必与它所似之物相似?"

"没有。"

"那么,相似者不就极为必然地与它所似之物[132e]分有同一形相吗?"

"必然。"

"可是,相似者因分有了某个东西才会相似,这东西不就是形相自己吗?"

[e5]"完全正确。"

"那么,某个东西就不能与形相相似,形相也不能与其他东西相似,如若不然,在这形相旁总是会出现另一形相,[133a]而且,若这形相与某物相似,复又会出现另一形相,新形相之产生将永无止尽——倘若形相变得与分有它的东西相似的话。"

"说得对极了。"

[a5]"那么,其他东西就不是通过相似而参有诸形相,我们倒是应该找出它们通过别的什么来参有。"

"似乎是。"[1]

"那么,"他说,"苏格拉底啊,如果有谁要区分诸形相,其自身之所是,你看到有多么困难了吧?"

[a10] "很难。"

认识论困境

"好好认识这一点,"他说,"这么说吧,你还是没有把握到 [133b] 这个困难有多么大,倘若你总是试着通过某种分离让每个形相为一,与诸存在者分开。"

"怎讲?"他说。

---

[1] 在这一小节(132d-133a),帕默尼德重新把模型与相似者的相似关系转换为一种"相似对相似"的关系,于是模型与相似者再次被转换为同一层级。苏格拉底的模型比喻本身的确存在破绽,因为模型作为具体的可见物,确实与它的仿制品在同一层级,同属于可见、可感的物质性存在。这样一来,帕默尼德再次成功运用第三人论证。由于形相像它的分有者,形相再次成为许多个当中的一个,处于众多分有者之中,而把这许多个聚合在一起的相似性又需要一个新形相来表达。反过来,这个新形相又再次会像其分有者,在其自身与其分有者组成的许多个之外,需要另一个新的形相,于是论证再次进入无穷倒推。

"虽说还有许多其他困难,"他说,"最大的是这个:[b5] 假如有人说,诸形相如果必定像我们所说的那样,它们就根本不适宜被认识。谁都无法挑出说这话的人的错处,除非这位反驳者碰巧既经验丰富,又不愚蠢,还得很喜欢不厌其烦地搞论证,[133c] 否则这个硬要说它们不可认识的人不会信服。"[1]

统治与知识

"怎么讲,帕默尼德?"苏格拉底说。

"因为,苏格拉底啊,我相信你和其他那些认为

---

[1] 接下来帕默尼德将以两个关于形相是否可认识的论证结束他对苏格拉底的盘问(133b-134e),这两个论证分别涉及人能否认识形相与神能否认识人事。这两个论证的步骤存在许多有争议的论辩技巧,明显在歪曲少年苏格拉底的形相论。

如何理解柏拉图设置的这些明显不合理的论证是此处的关键问题。晚近的学者们共同认识到,此处最大的困难不是发现与分析这里存在的逻辑问题,而是理解柏拉图在这里提出的这项最大、最困难的任务——"如何认识形相"——背后更深刻的问题,即两个世界的划分带来的分裂难以弥合。

每个东西之'*存在*'是自在的人,首先都会同意,[c5] 它们没有一个在我们之中。"[1]

---

[1] "*存在*"(ousia)首次出现在本篇对话。这里引入"*存在*"来表示绝对性,这个词后来成为专指最高"*存在*"的哲学术语。参见《王制》509b、《蒂迈欧》29c、《智术师》232c;对参《形而上学》1028b1-5。本篇中表示"存在/是"的希腊词众多,本稿用加引号和楷体的"*存在*"表示 ousia,下文不再一一注明。

这句话表明,形相之"自在(auto kath' hauto)",即不"在我们之中(en hēmin)",不在可感知领域。

帕默尼德开始把矛头从"少年苏格拉底的形相论"指向所有存在论,也就是其他在现象之外寻找"原因"的前苏格拉底哲学。

前苏格拉底哲人族质疑感觉和现象,认为属人的可感知世界背后有一个自在的存在世界,例如爱利亚的帕默尼德就认为,对存在世界的探究是真理之路,众人的意见纷繁复杂,充斥着谬误。

柏拉图接过并应对这个划分,特地借帕默尼德这位存在之父之口来揭示存在论式哲学探究路向对"我们的东西"——属人的意见——的冲击,这个路向走到极端就是本节的渎神结论。

"不然它还怎么是自在的呢?"苏格拉底说。

"说得好,"他说,"那么,一切诸理念自身彼此相关,其'存在'只关乎自身,不关乎我们身边的事物,[133d]人们要么把这些东西设定为相似者,要么采用别的方式。我们分有它们,获得各种名称,我们的东西与它们同名。同样地,我们的东西与自己相关,而不是与诸形相相关,以这种方式获得名称的所有东西都是与它们自己在一边儿,[d5]而不是与诸形相在一边儿。"

"怎么讲?"苏格拉底说。

"比方说,"帕默尼德说,"假如我们当中有人是某个人的主人或奴隶,他显然不是主人自身、主人之所是的[133e]奴隶,也不是这种主人——奴隶自身、奴隶之所是的主人;相反,作为一个人,他是一个人的主人或奴隶。统治自身其所是,是相对于服从自身的,服从〔自身〕也同样是对统治自身的服从。[e5]我们这边的东西对于那些东西无能为力,那些东西对我们同样如此,毋宁说,我这样说,那些东西在它们自己那边,与自身相关,而[134a]我们身边的东西也是与自身相关。或者,你没听懂我说的吗?"[1]

"很懂。"苏格拉底说。

"那么,再来说说知识自身,"他说,"知识自身之所是是关于真理自身的知识,即关于真理之所是[的知识]吧?"

[a5] "当然。"

"再者,每门知识之所是是关于每样东西之所是的知识吧。或者不是吗?"

"是。"

"可是,属于我们的知识不就是关于属于我们的那些真理的知识吗?[a10] 还有,继而每门属于我们的知识不就是关于[134b] 属于我们的每样东西的知识吗?"

"*必然*。"[2]

---

[1] 为解释不可知论,帕默尼德用到的第一个例证是主奴关系。这个关键例子表面上看来只是为了解释什么是自在,更深层则暗示旧哲学对城邦统治秩序的冲击。

[2] 帕默尼德在这里(134a–b)区分了两个知识领域:一种被称为"属于我们的知识",即属人知识;另一种被称为"知识自身",即绝对知识。每个知识领域都有关于真理的知识和关于诸存在者的知识。

"不仅如此，正如你也同意，我们既不拥有诸形相自身，它们也不属于我们。"

[b5]"确实不。"

"无论如何，诸类自身，每个之所是，都得凭知识自身的形相去认识吧？"

"是的。"

"我们肯定没有那个东西。"

"对。"

"那么，无任一个形相可被我们认识，既然我们不分有知识自身。"

[b10]"似乎如此。"

"那么，美自身其所是，还有[134c]善，还有所有我们假设为诸理念自身的东西，我们都不能在下面取得。"

"恐怕是这样。"

"再看比这更令人震惊的吧。"

[c5]"怎样的呢？"

"你大概会说，倘若确实存在知识自身的某个类，它就比属于我们的知识精确得多。美和其他所有东西也是这样。"

"对。"

[c10]"那么，倘若有哪种存在者确实分有知识自身的话，你难道不会说，比起任何人，神［最有资格］有最精确的知识吗？"

"必然会。"

[134d]"那么，还有，拥有知识自身的神能认识属于我们的东西吗？"

"怎么不能呢？"

"因为，"帕默尼德说，"我们都已经同意，苏格拉底啊，[d5]诸形相对属于我们的东西无能为力，属于我们的东西对诸形相也一样，双方中任何一方都是自己与自己相关。"

"确实同意过。"

"那么，倘若这最精确的[d10]统治和这最精确的知识在神那儿，不但他们的统治不会统治我们，［他们的］知识也不会[134e]认识我们或其他属于我们的东西，但是，正如我们不凭借我们的统治来统治他们，凭借我们的知识我们也无法认识任何属神的东西，因而，还是依照同样的道理，他们作为神，既[e5]不是我们的主人，也不认识属人事物。"

"但是,"他说,"这套论证太惊人了,倘若有人要剥夺神的知识的话。"[1]

[附释] 这段论证揭示出前苏格拉底存在论哲学危及旧秩序的深层逻辑:独立于现象世界的超越性存在导致的终极危险是神对人失去统治权,人获得彻底自由。倘若苏格拉底仅仅继续沿着这个思路走向一种形相论式的本体论,不过是在重蹈覆辙而已。

帕默尼德宣称,最大的困惑在于苏格拉底的划

---

[1] 这一小节的论证如下:1. 诸形相不存在于我们之间(133c3-5);2. 形相的存在只相对于它们自身,而不相对于属人事物等(133c8-d2);3. 属人事物等通过"分有"形相获得自己的名称,也只相对于它们自身,而不相对于形相(主奴比喻),事实上"只相对于自身"将无法分有(133d2-4);4. 知识自身是关于形相的知识(134a3-4);5. 任何人通过属人知识只能理解属人事物(134a9-b1);6. 我们无法认识形相,如美本身、善本身(134b3-12);7. 知识本身比属人知识更完美(134c6-8);8. 神才拥有知识本身(134c10-d2);由于2与3,神拥有完美的知识,但无法拥有属人知识(134d9-e6)。

分导致在众神之中存在一种关于神圣事物的知识，人类当中则是关于人类的知识，但是这种双重分离封锁了这两端彼此接近的可能性。帕默尼德把知识比作统治权，并且得出一个结论，即众神不是我们的主人。帕默尼德从哲学上宣告了人的绝对自由。

第三场　爱智者问教帕默尼德

[题解] 帕默尼德将少年苏格拉底的形相论逼至绝境，断言形相必遭遇上述各种困境（134e）。形相是否存在、如何存在、能否认识等问题，未来仍将引发无休止的争论（135a）。最终，形相之类东西根本不可认识（135c5）。

但是，尤其要注意，帕默尼德仍强调，如果因为这些困难而"不承认每个存在者永远有同一理念，他将会彻底毁掉思辨能力"。这里提出了第一部分事关哲学可能性的严肃问题：假如存在论最终导致不可知论，引发哲学危机，爱智者该转向何处？

形相初次登台即遭遇重创，柏拉图在《帕默尼德》的第一部分详细展现了一套"理念论"如何不可能成立，而这将触发对哲学可能性的思考。

正是在这个背景下，帕默尼德接下来要向苏格拉底教授一种"训练"，也就是辩证术。

哲学的可能性

"可是，苏格拉底啊，"帕默尼德说，"形相必会有这些麻烦，[135a] 此外还会有许多其他的，倘若存在事物的诸理念，且人们将每个形相划分为'某自身'的话；最终听了这话的人会殆于困境，还得争论这些东西是否存在，而且就算假设它们存在，人之自然也很显然无法认识它们。说这话的人显得言之凿凿，况且，正如我们所说，要去说服他呀，困难得惊人。[a5] 天性极其卓越的人才能理解每个事物都有某个类和'存在'自身；[135b] 卓越之士才能发现，且有能力教给他人，并充分地详查这全部。"[1]

"我同意你的话，帕默尼德，"苏格拉底说，"你说得正合我意。"

[b5]"当然，"帕默尼德说，"可是另一方面，苏格拉底啊，倘若有人思考过我们刚才说的所有这

---

[1] 帕默尼德在这里指出，形相论在存在论和认识论层面必遭困境，但他同时坚称天性卓越的人会探究并教授关于"存在"的知识。

些,以及其他的,他就会不承认事物的形相存在。[1]但不为每样东西划分出形相,也就不能把思想转向任何地方,因为他不承认 [135c] 每种存在者永远有同一个理念。这样一来,他将会彻底毁掉思辨能力。[2]

---

[1] 对话由形相论批判转向辩证术问题。第一部分在揭示出形相论的根本困境后提出,设定形相对于思考哲学的必要性:倘若没有形相,也就不会有辩证术,或许也就没有哲学。

尽管《帕默尼德》并没有给出辩证术的定义,而是给出技术性的方法论,但是可以参考《王制》卷六、七对辩证术的说明,以及《斐德若》中对写作和两种逻各斯的说明。《帕默尼德》中的"柏拉图的形相论"与《斐多》和《王制》表达的观点没有根本性差异。但是《帕默尼德》中明显缺少人类灵魂作为形相与分有者之间的中介,没有一种灵魂学说。

柏拉图在爱利亚三联剧的两日谈话中让苏格拉底肯定帕默尼德当年传授的哲学方法(《智术师》217c、《泰阿泰德》183e),即这里传授的辩证术。

[2] "思辨能力"原文为 tou dialegesthai dunamin,其中的 dialegesthai 既是一般日常性的交谈、谈话,也是更有哲学意味的思辨,即使用辩证术思考。根据《斐德若》的说法,

不过我觉得,你对这种事看得很清楚。"

"说得对。"他说。

[c5]"那么,关于热爱智慧你会做些什么?倘若这些东西不可认识,你将转向何处呢?"

"我觉得我压根儿看不出来,至少在眼下。"

"因为,"他说,"在接受训练[2]以前,苏格拉底

辩证术是一种区分与结合的辩证推理,是一种哲学式爱欲的言说方式。《斐德若》讨论真正的修辞术的关键段落包含大段关于形相、区分与结合、一与多等所谓的柏拉图"存在论学说"的论题。柏拉图在那里建立起存在论与辩证术的密切关联,借助逻各斯进行辩证思考的能力是思与言的前提。

"辩证术"一词来自"交谈"和"对话"。《斐德若》向我们揭示,辩证术合乎一种处于对话过程中的思想运动。相较之下,书写是僵死的。此处的情节展示出,柏拉图出于对哲学活动内在困境的深刻认识才选择借助"对话"和"辩证术"来探讨哲学。

2 帕默尼德四次说到"训练"(135c8、d4,136a2、c5),这是辩证术的第一层含义,是作为爱智者必须掌握的一门逻辑工具。必须结合柏拉图在其他对话中对辩证术的界定来理解此处的"训练"。在柏拉图这里,辩证术既包括技艺层面,也关乎真理。《王制》卷七强调辩证术在探究

啊，你就过早地着手划分出某个美、正义、好，以及 [135d] 诸形相的每一个。因为，当我此前听到你在这里与这位亚里士多德交谈时，我早就留意到了。你得知道，那个你使之朝向论证的冲动 [d5] 既美又神圣。[1] 可是，在你还年轻的时候，你得锻炼自己，多加训练，参与那种看起来没用、许多人口中所谓的闲谈，否则，真理就会躲着你。"

他说："帕默尼德啊，哪种训练方法呢？"

他说："就是你在芝诺那儿听到的这种。除此而外，[135e] 我也佩服你对他说的，那就是，你不允许停留在可见物中，或针对它们进行观察，而是针对一个人尤其得凭推理把握，且相信它们是诸形相的那些。"

[e5] "照我看，"他说，"至少这样，在可见物

真理过程中的地位：哲人超越生成把握存在时，灵魂为适应由生成转向存在的眩晕和痛苦，需要借助辩证术彻底超越感官，上升到"每个东西其所是"，最后凭思本身把握"善"。辩证术不仅是一门技艺，更是灵魂超越生成朝向存在、最终朝向善的关键。

1 参《斐德若》279a 对修辞家提出的最高要求。

当中，要表明事物既相似又不相似，以及它们遇到其他什么情况丝毫不难。"

"很好，"他说，"不过除此而外，你还得做这件事，不仅要去假设，假如每个东西存在，探究 [136a] 这个假设的结论，相反，还要去假设，假如这同一个东西不存在——如果你愿意更多地训练自己的话。"

"怎么讲？"他说。

"比如，"他说，"倘若你愿意，拿 [a5] 芝诺假设的这个假设来说：'若是多，[1] 相对于自身、相对于一，关于多自身必会是何种结果？以及，对于一来说，相对于自身和相对于多 [又如何]？'

"那么反过来，若不是多，也要探究相对于自身、[136b] 相对于他者，一与多又将会有何结果。再者，倘若你又假设说，'若是相似'又或不是，在每个假设之下，被假设的东西自身与他者会产生什么，即相对自身与他者？

"关于不相似，[b5] 关于运动、静止，关于生成与消逝，以及关于存在自身与非存在，也是同样

---

[1] 这句话也可以译作"假如多存在"，即把多看作主语。

道理。一言以蔽之，关于任何东西，无论你假设了是或非，无论它还经受什么其他的，你都必须在它与自身和它与所有他者的关系中［136c］探究其结果，无论你如何选择，都要相对于一些和相对于全体，全都一样。再到他者，相对于自身、相对于任何其他你选择了的东西，无论你要假设这被假设的东西存在或不存在——［c5］假如你想彻底训练自己并可靠地洞见真理的话。"

少数人的爱欲

"你说得太玄了，"他说，"帕默尼德啊，我不太明白。但是，你何不作个假设向我讲清楚这一点呢，以便我更好地领会？"

［136d］他说："苏格拉底啊，你给我这把年纪的人派了个艰巨的任务啊。"

"那么，你，"苏格拉底说，"芝诺，何不来向我们讲讲清楚呢？"

毕托多罗斯说，芝诺笑着说：［d5］"苏格拉底啊，我们得请求帕默尼德本人，因为他讲的不是件小事。或者，你没看出来你派下来一件什么任务？

倘若我们人再多些,就不应该这样请求了。因为,尤其对他这个岁数的人来说,不再适合对着一大群人讲这些东西。[136e] 因为,大多数人不懂,不详尽地对待和探究这全部,就不可能收获遇见真理的心智。[1] 那么,我嘛,帕默尼德哦,跟苏格拉底一

---

[1] 芝诺和帕默尼德都强调,接下来的内容只适合具有特殊爱欲的小团体——这并不是哲人在故弄玄虚。帕默尼德解释了这段内容为何不适合大众:大众既不关心真理,也不热爱逻各斯。

《王制》把这个道理表达得更清晰:众人满足于模仿者的制作物,那些是与真理相隔三层的东西。他们没有求真意志,对逻各斯也没有爱欲。

柏拉图认为,疯狂热爱逻各斯的人属于一种特殊的灵魂类型。《斐德若》中的苏格拉底自谓"沉迷于听逻各斯的病人"(228b),辩证术家是沉迷逻各斯的病人,他们的的灵魂有一种"神圣的疯狂"(149e),苏格拉底承认自己是其中一员。

本篇吸引的读者正是这个类型的灵魂,柏拉图设定的两个场景的参与者都沉迷逻各斯:克拉左美奈人到雅典的唯一目的是打听哲人之间的交谈;安提丰与帕默尼德出于对逻各斯的兴趣最终承担下繁重的言说任务;即便

起请求，以便我一会儿也听一听。"[1]

[e5] 安提丰说，毕托多罗斯说，芝诺一说完这些，就和亚里士多德及其他人一起请求帕默尼德解释他说的话，别再做其他事情了。

帕默尼德就说："那么，就服从你们的要求吧。可是，我看到，我似乎遇到了伊比科斯那匹马儿的境况。[2] [137a] 这匹马作为老迈的赛马，即将投入竞赛，凭经验对这事儿感到瑟瑟发抖。他就把自己也比喻成这匹马，说自己年事已高，情非得已，却

沉默的无名参与者也都热爱逻各斯，否则不会有如此强大的耐性旁听这场晦涩的对话。

这部对话呈现的是一种特殊的逻各斯，即辩证术。通篇对话都是爱智者的逻各斯之旅，驱动这场冒险之旅的是参与者们的特殊爱欲。

1 这段话呼应第一场景，即克拉左美奈人请求安提丰的情节。当时安提丰推脱说，这项任务太过繁重，接下来帕默尼德也同样推说任务繁重。尽管任务确实艰难繁重，安提丰和帕默尼德都是稍作推辞便服从众人的请求。

2 伊比科斯（Ibycus）身世不详，约生活于公元前6世纪，居住在萨摩斯岛，写过许多诗歌，尤以情诗闻名于世。西塞罗曾说他"比其他诗人更洋溢着爱的激情"。

被迫投身爱欲。而我看自己仿佛也怕得很，[a5] 想来我这个岁数的人了，必得怎么游过论证的苍茫溟海啊！纵然如此，我仍要答应下来，既然芝诺说，我们都是自己人。

"那么，从哪儿 [137b] 开始呢？首先来假设什么呢？或者，既然这看起来是在玩费力的游戏，你们是否愿意，我不妨从自己和自己的假设开始，拿"一自身"当假设，若"一"存在或不存在，必定会生出什么来？"

[b5] "当然。"芝诺说。

"那么，"他说，"谁来与我问答呢？要不然就是那位最年轻的吧？因为他麻烦最少，最能直抒己见；同时，对我来说，他的回答兴许是个休息。"

[137c] "我等着你呢，帕默尼德啊，"亚里士多德说，"因为，最年轻的就是指我。你问吧，我来回答。"

[附释] 此后，对话者变成亚里士多德和帕默尼德。直到对话结束，其他人物都不再发言。帕默尼德要向苏格拉底传授辩证术，但他没有选择与主角苏格拉底对答，而是选择了亚里士多德。

关于这一点，一般认为有如下几种可能性：

第一,苏格拉底的人物性格注定会积极提出连续的质疑和反驳,亚里士多德则在帕默尼德演示的过程中被动附和,柏拉图就是要安排一个最有可能"制造最少麻烦"的角色来取代苏格拉底,保证对话顺利推进。

第二,日后成为三十人之一的亚里士多德正是哲人的对立面,这个人物设置呼应了《王制》卷六的说法:如果得不到适合的培养,最优异的天性会比普通天性招致更坏的恶果。

亚里士多德虽然年轻、缺乏经验,但还算跟得上帕默尼德冗长复杂的论证。尽管他总体显得消极被动,但在一些关节点上的迟疑正是帕默尼德随后应答的基础,这意味着他有一定的哲学天性。

伯纳德特指出,在人类经验到的一切事物中,最能使人想起帕默尼德的"一"的正是僭政和爱若斯。帕默尼德引用了诗人伊比科斯,根据阿里斯托芬提供的对爱欲的肃剧式理解,倘若爱欲本质在于渴望一种无望的统一,诗人有翼的爱若斯具有典型的僭主形象。僭主亚里士多德象征着帕默尼德之"一"成为我们周围之"多":克里提阿斯曾经指斥特拉门尼单纯,由于这些人是三十个而非一个,就轻易相信这种统治不是僭政。柏拉图让我们反思，王政与僭政的真实差异是否仅在于由一人还是多人统治？

第三，也有人认为柏拉图在一篇反思存在论与哲学的对话中写这个人物，目的就是想提点自己的学生，即那位视形而上学为第一哲学的亚里士多德。

伯纳德特指出，帕默尼德的方法兼具说教与探究。说教体现在呈现方式上，因为它以原则为起点；它暗中又是探究式的，因为它暗示，"一"要走向这些原则，而非从它们开始。这个方法的双重性似乎是柏拉图对女神言语的诠释。尽管女神提到两条路——意见之路与真理之路，但似乎两条路都未曾敞开，因为，"不存在/非"封锁意见之路，"存在/是"却立刻揭开整条真理之路。然而，如果"不存在/非"与"存在/是"居于两条道路的终点，也就只有一条探寻之路，是与非标记沿途的得失。帕默尼德的训练同样是双重的：一方面，它看似由整体与部分推导出运动与静止，而正是从运动与静止和空间，依次再推出形状、界限与整体；同时，似乎从同与异推出人的时间，从人的时间及其度量推出大、相似与相同。在这些假设背后暗藏着一个大前提——**存在是可探测的**。

第四场　帕默尼德的论证沧海

［题解］这里开始由老哲人带领众人游过论证的沧海。这部分与之前的部分和其他柏拉图对话相比，显得非常不同，它几乎不带文学特征，由八组论证组成。

漫长的论证过程完全由帕默尼德主导，年轻人亚里士多德只作简短的附和。直至对话结束，两个场景的听者都不发一言。在阅读过程中，我们聚精会神地对付每一处论证的暗礁与风暴，几乎遗忘了它的戏剧背景，忘记了热切的异乡客人，也忘记了苏格拉底。柏拉图没有告诉我们，所有人是否成功游过了这片连帕默尼德都为之战栗的沧海，我们也不知道自己是否安然渡过……

必须注意，这八组论证结构看似两两对应，篇幅和内容却并不成比例。前两组篇幅庞大，后六组则非常简短。这些论证并非全部是严肃的逻辑论证，有时是争辩术或智术玩笑。

表面枯燥的论证充满了寓意：比如前两组结束时插入了"乌托邦"，第五组把"非存在"由绝对虚无引至意见，第七组引入梦与阴影画的比喻等。

柏拉图善用比喻传递无法言传的洞见，第七组的两个比喻是理解八组论证整体意图的密钥，传达了柏拉图严肃而深刻的形而上学洞见。

假设一："一是一"

"好吧，"他说，"假如是一，'一'就不是多，不是吗？"[1]

[c5]"不是，怎么会是呢？"

"那么，它必定没有部分，自身也不是个整体。"

"为什么呢？"

---

[1] 帕默尼德设定这组论证的前提"是一（ei hen estin）"其实是"一是一"，后文表述为"如果一一"（142c），即至一，即不是多，故第一步即推出它不能有部分（137c-d）。

"部分在某种程度上[1]是整体之部分。"

"是啊。"

"一个整体又如何呢?整体不就是那不缺少部分的东西吗?"

"当然啦。"

"在此两种情况下,'一'必由部分组成——即它是一个整体、它有许多个部分。"

"必然。"

[137d]"那么,在这两种情况下,'一'都会是多,不是一。"

"确实。"

"但是,它当然必须是一,不是多。"

"必须[是这样]。"

"那么,它不是一个整体,也没有诸部分——如果一是一的话。"

1　"在某种程度上(pou)",在这里是一个技术化的术语。在本篇中,它的意思不是"我认为"之类的,而是"在某种程度上","在某个特定的方面"有限地"是"(例如下文 147e6 - 148a3)。亚里士多德在《论题篇》115b13 特地解释过这个术语的意义。

"当然不。"[1]

"那么,如果它没有部分,也就没有起点、终点、[d5]中心,因为,这些都会是它的部分。"

"对。"

"何况,对于每个东西而言,起点与终点都是界限。"

"怎么不是?"

"那么,'一'就是无限,如果它无始无终。"

"无限。"[2]

"它也就没有形状,因为,[137e]它既不分有圆也不分有直。"[3]

"怎么说?"

---

[1] 推论一(137c4-d4):一不是整体,没有部分。

[2] 推论二(137d5-8):一没有起点与终点,也就是"无限"(aperion,或译"无定")。这个术语也是阿纳克西曼德的"无定"。亚里士多德说的"未定之二"之"未定"也是这个词。注意,第一组否定性论证要证明"一"无任何属性,唯独这里说一是无定,这里也是推断柏拉图的"本原学说"即未定之二的依据之一。

[3] "圆"(stroggulos)的含义包括曲线、圆形、球体,在形而上学中表示存在的圆满。

"圆呢,当然是每个方向的终点都与中心距离相等的东西。"[1]

"是啊。"

"直线则是〔e5〕其中心在两端前方的东西。"[2]

"是这样。"

"于是,'一'就会有诸部分,且会是多,假如它分有了或直或圆的形状。"

"完全如此。"

"因此,它非直非圆,〔138a〕因为,事实上,它没有部分。"

"对。"[3]

"而且,既是如此,它也不能在任何地方。因为,它既不能在他者内,也不能在自身内。"

---

1 帕默尼德《论自然》,残篇 8 提到存在是浑圆的球体,由于有一个最无极的界限(peras),存在就是最完整的,从各处看都像是浑圆的球体,从它的中心到边缘各端点距离都相等。

2 有学者认为,此定义为欧几里得的直线定义的来源,欧几里得定义直线为"直线是它上面的点均匀平放着的线"。

3 推论三(137d9-138a2):一没有形状。

"怎么回事?"

"假如它寓于他者内,当然会被它所处其中的那东西包围一圈,[a5] 还会在多处、以自身的多个部分与之接触;但是,由于它是一,且无部分,也不分有圆圈,它就不能在多处被接触一圈。"

"不能。"

"另一方面,假如它寓于自身内,它而非他者就会包围它自身,倘若它确实能 [138b] 在自身内。因为,一个东西不能存在于一个不包围它的东西内。"

"确实不能。"

"因为,包围者是一个,被包围者是另一个,而同一个东西不能在整体上同时施与受。否则,'一'就不再是一个,[b5] 而是两个。"

"当然不是。"

"因此,'一'不存在于任何地方,既不在其自身内,也不在他者内。"

"不存在。"[1]

"那么,照你看,如果这样,它能静止或运动吗?"

"为什么不能?"

1　推论四(138a2-b7):一没有处所。

"因为，假如要运动，要么移动，[138c] 要么变动。因为，只有这些运动。"[1]

"对。"

"可是，如果'一'改变自身，它当然不可能仍是一。"

"不能。"

"所以，它绝不能因改变而运动。"

"它显得不能。"

[c5]"难道却因移动吗？"

"也许吧。"

"然而，假如'一'要移动，它要么在原地旋转，要么从一处位移至另一处。"

"必定。"

"那么，若它要旋转，它必然得倚靠一个中心点，还要有多个部分，围绕自己的中心部分。[138d] 可是，它既无中心，也无部分，还有什么办法能让它围绕中心运动吗？"

"根本没有。"

---

1 《泰阿泰德》(181c-d) 区分了两种动：变动和移动，移动包括原地旋转和位移。

"那么，它是否发生位移，在不同时间变化到不同地方，从而动起来？"

"如果确实要运动的话。"

"可是，如果这样，它总应该得在某个东西内——这不已［d5］被表明不可能了吗？"

"对。"

"那么，它要生成也就更不可能了？"

"我不懂为何。"

"假如某个东西产生于某个东西中，由于它在生成，它不就必定尚未在其内吗？但是，由于它已于其内在生成，也就不完全在其外？"

"必然。"

［138e］"所以，若有任何东西要经历这种状况，它就只能是某个有部分的东西。因为，它的一些部分已在这东西内，但同时有些部分仍在外。可是，一个没有部分的东西，当然无论如何都不可能整体上同时在某个东西的内外。"

"确实。"

"没有［e5］部分，也不是整体的那个东西，不就更加不可能生成于某个东西的某个地方之内吗，倘若它既无法部分地又无法整体地生成于其内？"

"显得如此。"

[139a]"那么,它就不能凭去到某地或生成于某物来位移,也不能原地旋转,也不能改变。"

"它显得不。"

"那么,就所有运动来说,'一'都不运动。"

"不动。"

"不过,更进一步,我们说过,它不可能存在于任何东西内。"

"我们确实说过。"

[a5]"那么,它也就不存在于同一个[东西]内。"

"为什么?"

"因为,它就会存在于那个是同一个的东西内。"

"完全如此。"

"可是,它既不能存在于自身内,也不能存在于他者内。"

"当然不能。"

"那么,'一'从不在同一个[东西]内。"

[139b]"似乎不。"

"可是,永远不待在同一个地方的东西即不休不止。"

"是的,它不。"

"于是，'一'就显得既不静止，也不运动。"

"是的，它当然显得绝不。"[1]

"它不与异者相同，[2] 也不与自己相同，[b5]反之，它不能与异者相异，也不能与自己相异。"

"怎么会呢？"

"假如它异于自身，就是异于'一'，那么，也就不再是一。"

"确实。"

"而假如它与异者相同，它就是那个东西，[139c]而不是它自己。所以，倘若如此，它就不会是它所是的那个一，而是异于一。"

"当然不是。"

"所以，它既不同于异者，也不异于自己。"

"确实不。"

1　推论五（138b8-139b3）：一既不运动也不静止。

2　异者（heteros）即异于一的东西，一之外的东西。本篇中"他者（allos）"与"异者"交替使用。根据后文假设七中帕默尼德的说法"你不正是用'他'与'异'指称这同一个东西吗？"，这两个词意思相同。但论证中有意用了两个不同词语，故译者在这里也做出区分。

"但也不异于异者,只要它 [c5] 是一。因为,'一'不适宜异于任何东西,唯独异者,别无他者,才彼此相异。"

"所以,由于它是'一',就不会是'异'。你觉得它会吗?"

"不会。"

"但是,假如不因这个,就不因自身 [而异];而若不因自身 [而异],就不是自身 [异];而它若作为自身,就绝非异的,就将无异于哪个。"

"对啊。"

[139d] "它也不会同于自己。"

"为什么不?"

"'一'之特定自然[1]与'同'[之自然] 不同。"

"为什么呢?"

1　"特定自然"(hēper...phusis)引入了"自然"(phusis),与此前 132d 的"立于自然之中"和 135a 的"人之自然"中的"自然"是同一个词。对参《智术师》245c 类似的用法:"'存在'与整全也分别获得了各自的自然。"亦参《斐多》96a,苏格拉底将自己年轻时的学术兴趣描述为"关于自然的探究"。

"因为，当一个东西［d5］变得与什么东西相同时，就不能成为一。"[1]

---

[1] "变得"和"成为"是同一个希腊词的不同形式，即138d的"生成"，表示流变，与不变的"存在"相对。这个词是构成本篇问题背景的关键词，根据上下文语境译为生成、变化、变得等。

在被称为"爱利亚三联剧"的《泰阿泰德》《智术师》和《治邦者》中，柏拉图彻底讨论了前苏格拉底自然哲学关于存在的战争，这场战争正是《帕默尼德》的背景，因此这三部对话不断提及《帕默尼德》，指向少年苏格拉底哲学生涯之初。

《泰阿泰德》中的苏格拉底引导泰阿泰德盘查"感觉即知识"的定义，剖析普罗塔戈拉著名的相对主义宣言，并指出相对主义之根基正是赫拉克利特的流变哲学（152a以下）。苏格拉底引导泰阿泰德认识到，倘若感觉即知识，万物之尺度是人而不是万物自身，人之感觉差异必会导致万物不与自身同一（152d），于是，确定的知识不再可能。

正是在这个问题背景下，苏格拉底给哲学前辈划分了阵营——帕默尼德与其他人，其他人都站在永恒的流变一边。苏格拉底指出，谁要想与这一派抗衡，不仅异常艰难，还容易沦为笑谈（153a）。

亚里士多德在《形而上学》卷 A（987a30-b14）和

"那是什么呢?"

"当它变得与'多'相同时,它必定成为多,而非一。"

"确实。"

"假如'一'与'同'毫无区分,当某东西变成'同'的时候,它就总变成一,当'一'时,则同。"

"当然。"

"那么,若 [139e] '一'与自己相同,它和自己不是一个。而尽管作为'一',却不是一。但这当然不可能。所以,'一'也就不可能异于异者,或同于自身。"

"不可能。"

[e5] "'一'显然不会与自身或与异者相异或相同。"

"当然不会。"[1]

卷 M(1078b12-17、31-32)阐述"形相论"时也强调了赫拉克利特、克拉提洛斯的"流变说"对柏拉图形相论的关键影响。他提示说,柏拉图正是出于可感知事物的流变才求助于形相。

1 推论六(139b5-e6):一既不同于也不异于自身或其他东西。

"它也不会与什么东西相似或不相似,无论它自身还是异者。"

"怎么讲?"

"因为,相似就是以某种方式有着'同'。"

"对。"

"但是,'同'之自然与'一'[之自然]显得截然分离。"

[140a]"显得确实如此。"

"可是,假如'一'有除了是一之外的任何东西,它就有了多于一,但这不可能。"

"对啊。"

"那么,绝不可能让'一'与他者或与自身相同。"

"显得不可能。"

"也就[a5]不可能与他者或与自身相似了。"

"看来不可能。"

"'一'也不能有'异';因为,这样一来,它也要有多于一。"

"确实多于。"

"有着'异于自身'或'异于他者'的东西将会与自身或与[140b]他者不相似,正如有着'同'就会相似。"

"准确无误。"

"可是'一',正如其所显现的那样,绝不能有'异',也就无论如何不与自身或不与异者不相似。"

"确实不。"

"因此,'一'就既不与异者也不与自身相似或不相似。"

[b5]"显得不。"[1]

"再来,倘若如此,它就既非等于也非不等于自身或他者。"

"怎么讲?"

"假如相等,它将和它等于的那个东西在量上相同。"[2]

---

1 推论七(139e7—140b5):一与自身或他者既非相似,也非不相似。

2 "在量上相同"(tōn autōn metrōn)定义了相等的概念。这个论证中关于相等、较大、较小的概念借助"量",即连续量,而非"数"的概念,即离散量。这些定义类似欧几里得《几何原理》卷五关于"较大"的定义,也未借助"数"的概念。这表明八组论证不仅借助逻辑工具,也借助数学,涉及当时的各派学说。

"对呀。"

"而假如大于、或［140c］小于与它同量的那些东西，它就要有多于较小者、少于较大者的量。"

"对呀。"

"但是，相较于与它不同量的那些东西，在一些情况下，它的［单位］量较小，在另一些情况下，较大。"[1]

"怎么不是？"

"这也不可能，［c5］若一物未分有同，就不能有同量或其他哪种同？"

"不可能。"

"由于它没有同量，就不会等于自身，或等于他者。"

1　本句和上句中"与它同量"和"与它不同量"指的是可公度量和不可公度量。前一种情况下，较大或较小意味着有着更多或更少的相同计量单位。后一种情况下，尽管相比较的两者没有公度量，但它们各自有的单位量可以更大或更小。

一般认为，本段使用可公度量和不可公度量的概念进行论证，体现了当时学园内部对这个问题的密切关注，反映了学园的数学旨趣。柏拉图在这里的处理直接借用欧几里得《几何原理》卷五的第五个定义，这个定义来自欧多克索斯在比例论上的突破，这在古希腊数学发展史上至关重要。

"它当然显得不。"

"可是，假如它有或多或少的量组成，它有多少量，就要有多少部分。[140d] 这样一来，它就不再是一，而是和它的量一样多。"

"正确。"

"但假如它确实也可以是一个量，就可以等于这个量了。可是，这显得不可能：即，让它等于任何东西。"

"确实显得如此。"

"所以，由于它[d5]既不分有一个量，或多个或少个量，又由于它也绝不分有同，所以，它就显得绝不等同于自身或他者。那么，它也不会比自身或异者更大或更小。"

"完全如此！"[1]

[140e] "可是，这样又如何呢？'一'有可能看似较年老、较年轻或年龄相同吗？"

"为什么不能？"

"因为，当然地，要和自身或他者是相同的年龄，它就会分有时间上的相等和相似，我们说过，

---

1 推论八（140b6-d）：一与自身或其他既非相等，也非不相等。

'一'［e5］不分有那些东西，无论是'相似'，还是'相等'。"

"我们确实说过。"

"我们还说过，它不分有'不相似'或'不相等'。"

"当然了。"

［141a］"既然如此，作为这样的东西，能否是比什么更年老、或更年轻，或和什么年龄相同?"

"根本不可能。"

"那么，'一'就不会是更年轻、或更年老、或同年龄，相较于自身或他者而言。"

"显得不是。"[1]

［a5］"那么，实际上，如果是这个样子，'一'就根本不能存在于时间中？倘若某物在时间中，难道不必然将变得比自己老吗？"

"必然咯。"

"那么，年老的难道不是总比年轻的更老吗？"

"怎么不?"

［141b］"那么，变得比自己更年老的东西同时

---

[1] 推论九（140e1 - 141a4）：一既不会比任何东西老，也不会更年轻，也不会与之同龄。

也在变得比自己更年轻,如果它有着它与其相比变得更老的某个东西。"[1]

"怎么论证?"

"这样:那异于异者的[2]不必再变得有别于已经有区别的东西。相反,它必是有别于那已经有区别的东西,必已变得有别于已变得如此的东西,[b5]必将要是有别于将要是如此的东西;正在变得的东西尚未是,也不将是,也不是与某物有别的,相反,它必须变得生成、成为、变成、变得。表示流变,与"是/存在"相对。而非是任何其他什么。"[3]

[141c]"确实必然如此。"

"可是,较年老者有别于较年轻者,而无任何他者。"

"确实是这样。"

"于是,变得比自己老的东西,必同时变得比自

1　"更年轻"也是"更新"的意思。

2　即与别的东西不一样的东西。

3　把时间引入论证之后,存在与流变,即"变得"与"是"的对立更明显了:处于流变中的东西过去、现在、将来都不"是"某种确定的东西。

己年轻。"[1]

[1] 这段论证很难理解。关于此处的"变得比自己老同时变得比自己年轻"大致有如下几种解释：陈康借助"由己地"与"依它地"这对概念，"甲"随着时间变，变得比自己（A）老，成为A+，叫做"由己的"变；没有逆着时间后退，过去的自己A没有变，是一种不变之变，故比新的自己（A+）要年少，叫"依他的"变。换种说法，就是用"甲"的状态A+比A，就是甲变老，用A比A+，就是变年轻，而A与A+都是"自己"。

斯科尔尼科夫（Scolnicov）从整体与部分的角度理解这个论证。他认为，如果"一"有许多时间性的部分，那么这些部分彼此间都是相对老与相对年轻的关系。因为从整体看，"一"（的一些部分）总是比自身（它的另一些部分）同时老一些与年轻一些。

塞尔（Sayre）认为，假设一的前提是非关系性的一，那么，此处讨论的变年老与变年轻都是一相对于自身而言，甲变得老于乙，即意味着乙变得年轻于甲，甲乙是同一个东西，因此在变得比自己老的同时也比自己年轻。

艾伦（Allen）从希腊语词 neōteron［更年轻、更新］词义的双重性入手，认为柏拉图在这里巧妙运用了双关，此处应取"更新"而非"更年轻"之义，实际上的含义是"变老的同时也变得更新"，构成修辞性的对立，实际含义则不矛盾，机智地传达了一个关于时间与变化的深刻悖论：变化日新，与时俱往。

"似乎。"

"可是，当然，[c5]它不变成比自身时间更长或更短。相反，它必变成、是且已变成、将要是与它自身时间相等。"

"这也是必然的。"

"那么，这也是必然的，如其所显现，因为，一切在时间之中，且[141d]分有这类事物的东西，都和自己是同龄的，在相同时间变得比自身更年老和更年轻。"

"恐怕是这样。"

"但是，'一'当然不会参与任一[d5]情况。"

"它不参与。"

"那么，它就不分属时间，也不存在于哪个时间中。"

"那就不是吧，至少按照这套论证所证。"[1]

---

[1] 推论十（141a5-141d7）：至少在普罗克洛斯时代之前，这个论证就被视为柏拉图使用智术的证据，亚里士多德在 d6 有所迟疑的回答被当作证明。这个论证分四个步骤：1. 定义存在于时间中的东西，它是一种会变得比自身老的东西；2. 变得比自身老同时意味着变得比自身年轻；

"这又如何？'已是'与'已变成'与'已正变成'不是显得表示分有已生成的时间吗？"

"当然了。"

[141e]"这又如何？'将是'及'将变成'及'将被变成'就表示分有一个以后将要到来的时间？"

"对。"

"'是'与'正变成'不是表示[分有]一个现在时间吗？"

"完全正确啊。"

"那么，假如'一'在任何情况下绝不分有

---

3. 变得年轻所需的时间等于变老所需的时间；4. 根据推论八（一不具有"相等"），一也就无法具有前述情况。结论：一不在时间中。

到这里为止，假设一依次使用八个范畴完成论证：1. 有限与无限（137d）、2. 形状（137e）、3. 位置（138a-b）、4. 运动与静止（138b-139b）、5. 同与异（139b-e）、6. 相似与不相似（139e-140b）、7. 相等与不相等（140b-d）、8. 时间性（140d-141d）。柏拉图在这里挪用了历史上的帕默尼德《论自然》残篇8出现的八个"范畴"，由"一存在"的前提推出一没有所有这些。

任何时间，[e5] 那么，它就绝不会曾经已变成、已正变成或已是；它也不会现在已变成、正变成或是；它也不会以后将变成、将被变成，也不将是。"

"对极了。"

"那么，是否还存在某种分有'*存在*'的方式，除了这些之中的任一个？"[1]

"不存在。"

"那么，'一'就 [e10] 绝不分有'*存在*'。"

"似乎不。"

---

[1] 此处"*存在*"即 ousia，同 133c。《智术师》（246a 以下）讨论了一与多的难题引发关于"存在"的战争。交战的一方"从高处、从某个不可见的地方"自辩，主张"存在"是无形体的、理智性的，他们用逻各斯把另一方认为真实的东西打碎为"生成"。异邦人提出，人们凭身体和感觉体验"生成"，以灵魂和思考认识"存在"，前者在不同的时间具有不同的状态，后者在同样的方面永远具有同样的状态（248a）。"存在"是运动与静止之外的第三种（250b）。第一组假设展现了由"至一"出发，生成与存在截然分离会走向什么结论。

"因此,'一'就绝不存在。"[1]

"似乎不。"

"因此,甚至也不是像这样是一,否则,它就会是某种存在的东西,分有了'存在'。但是,看起来,'一'既不是一,也不存在——如果我们应该[142a]相信这套论证的话。"[2]

---

[1] 这段(141d-e)关于存在与时间的讨论的基本思路是:"一"不是时间性的,也不"在时间中"(141d4-5)。接着帕默尼德指出,生成与存在的每种时态都是时间性的(141d7-e3),一不可具有任何一种,也就不可在任何时态分有"存在",就不存在。

[2] 到这里为止,假设一由前提"一存在"(一是一,不是多,137c)推出与前提截然相反的结论:一既不是一,也不存在(141e-142a)。因为,"一"是一,意味着它存在/是。但它绝不能存在(141e),因为"存在"是现在时态,意味着"一"也有时间性。但"一"不"在时间中"(141d-e),因为在时间中意味着,比它自己或其他要么更老,要么更年轻,要么与它自己或其他同龄。但"一"不能具有这些年龄属性(141a-d),因为更老、更少、同龄意味着相似(相等)与不相似(不相等)。但"一"不具有这些性质(140e-141a),因为如果"一"有

"恐怕是这样。"

"那么，若某个东西不存在，还有什么能属于或关于这个不存在者吗？"

"怎么能呢？"

"那么，既没有关于它的名称、言说，也没有关于它的知识、感觉、意见。"

"显得没有。"

"因此，它既不被［a5］命名或言说，也不被臆测、或认识，也没有哪个存在者感觉得到它。"

"似乎不。"

"是否有可能，这些以这种方式就是关于'一'的事情了？"

"至少在我看来不是。"1

这类性质，它就必须在量上更多或更少，而这些量就是它的部分，有了部分就意味着它是多（139e-140a、140a、140b-c、140c-d）。但大前提是，它是一，不是多（137c）。

1　假设一的结论："一"是无定（137d），无形状（138a）、无位置（138b）；既不运动，也不静止（139b）；既不相同，也不相异（139e），与它自身或其他相比，既不相似，也不会不相似（140d）；与它自身或其他相比，

假设二：存在的一

[142b]"那么，你是否愿意我们从头回到这假设，兴许别的什么东西会在我们回头的时候显现出来？"

"非常愿意。"

"那么，'一'若存在，[1] 不论它碰巧出现何种结果，我们都得承认 [b5] 那结果。不是这样吗？"

"对。"

"那么，你从头看：'一'如若存在，它能够既存在，却不分有'*存在*'吗？"

"不能。"

既不年长也不年轻，亦不同龄（141a），甚至根本不在时间之中（141d）；既不存在，也不是一（141e），也不会被名称、言辞、知识、认识和意见界定（142a）。

1 前提仍然是"一存在"，但词序变为 hen ei estin，这在提醒人们注意假设二关于一（hen）与存在（on）的新含义。假设一的"一"只是"一"，绝对地排斥"多性"，进而排斥了"存在"，最终得出结论"一不存在"。假设二的"一"既"存在"，又是"一"。

"那么,'一'之'*存在*'兴许存在,它与一不是同一个,因为,否则它就不是那个一的'*存在*',[142c] 那个'一'也不会分有它。相反,说'若一存在'和说'若一[是]一'就是相似的了。可是,现在不是这个假设——如若'一[是]一',一定有什么结果,而是,如若'一存在'。不是这样吗?"

"那是当然。"

"那么,这'存在'表示某个与[c5]'一'不同的东西吗?"

"必然。"

"那么,不论何时,有人笼统地说'一存在',这除了是在说一分有'存在',还会是别的吗?"

"当然[不会]。"

"那就让我们再说一次,若一存在,有什么结果。那么,你想,这个假设不必然表示一是这样的,诸如[142d]有部分的东西?"

"为何?"

"是这样的:倘若论证存在属于'一之存在',一属于'存在之一',而'存在'与'一'不同,可是,都属于我们假设的那个东西,即

'存在的一',那么,'存在的一'自身岂不必是一个整体,[d5]'一'与'存在'变成它的部分?"

"必然。"

"那么,我们是把这些部分中的每一个仅仅称作部分,还是把这个部分称作整体的部分?"

"整体的。"

"那么,无论'一'是什么东西,它是整体,也有部分。"[1]

"当然。"[2]

"那么,这样呢?'存在的一'的每一个部分[142e],即'一'与'存在','一'缺少'存在'这部分、或'存在'缺少'一'这部分吗?"

"不会。"

"那么,每个部分都有'一'和'存在',

---

1 这组假设的"一"既有存在又有一性。由于一与存在不是同一个东西,但属于同一个"存在的一"(to hen on),一就有了双重属性:它是整体——存在与一都是它的部分(142c-d),它也就有部分。

2 推论一(142c7-d8):一既有部分,又是整体。

[e5] 最小部分就变得包括两部分,同样的道理,总是如此,只要出现部分,它总有这两个部分,因为,'一'与'存在'都永远有'存在'与'一'。因此,它必然 [143a] 总是成为二,绝不是一。"

"完全如此。"

"那么,如此一来,'存在的一'会在数量上无限吗?"[1]

"似乎是。"

"你再这样做。"

"怎样做?"

---

[1] "存在的一"有两个部分:"一"与"存在"。二者的每一个作为其中一个部分(142e2),都不能缺乏另一个。"存在"作为一个部分,必须是"一";"一"作为一个部分,必须"存在"。因此,每个部分又都是一个"存在的一";每个部分都像整体一样,由两部分组成,如此无穷无尽。因此,"存在的一"作为整体是一,但却是"无限多"(apeiron... plēthos, 143a2)的部分。另参《斐勒布》24a-25c 关于无限定的例子:无限定在那里是"热与冷""干与湿""快与慢""大与小"等,即"多与少",无定的一对。

"我们说'一'分有'存在',[a5] 所以它才存在?"

"对。"

"可是,由此'存在的一'就显现为许多。"

"是这样。"

"这样呢?'一'自身,我们说它分有'存在',倘若我们仅仅靠思、凭它自身把握它,撇开我们说它分有的东西,那么,它自身将会仅仅显现为一还是多?"[1]

"一,我想。"

[143b] "那么,我们看到,其自身是一回事,其'存在'却必是另一回事,倘若'一'确实不是'存在',而是分有'存在'。"

"必然。"

---

[1] 前面讲一与存在是二而一的东西,这里让一与存在的绝对分离发生在思之中,如此一来,二者相异,产生第三者,异。一加存在即异质相加的形相数二。形相数的加减关系不同于感性数,关于形相数的合与分,参《希琵阿斯前篇》300e-302b、303b-c,《王制》476a、524b,《泰阿泰德》185b。

"那么，倘若'*存在*'是一回事，而'*一*'是另一回事，那么，'*一*'不是因为是一才异于'*存在*'，[b5]'*存在*'也不是因为是'*存在*'才别于'*一*'，而是由于'*异*'和'*别*'才相异。"

"那当然。"

"所以，'*异*'既不会与'*一*'、也不会与'*存在*'相同。"

"怎么会呢？"

[143c]"这样呢？倘若我们从它们当中，随你愿意，要么选出'*存在*'与'*异*'，要么'*存在*'与'*一*'，要么'*一*'与'*异*'，那么，在每次选择中，我们不是选出了一对可被正确地称为'两者皆'[1] 的东西？"

"怎么讲？"

---

1 克莱因注意到，《智术师》在讨论形相数时频繁出现"两者皆"，"存在"即呈现为形相数二。事物在与他物即异者的关系中，为异，即"相对于异者而异"。克莱因认为，这些就是"未定之二"的表现，还指出《帕默尼德》情节上有关未定之二的拟剧式呈现，其文本证据就是对话中设定了被称为"很多其他人"的两个无名同伴。

"是这样，[c5] 人们可以说'存在'吗？"

"可以。"

"也说'一'吗？"

"也说它。"

"那么，岂不是说了这两者中的每一个。"

"对。"

"可是，只要我说某个东西是'存在'和'一'，那么不是说了两者吗？"

"当然。"

"那么，倘若我说'存在'和异，或异和一，这样，在每种情况下，我岂不总是说到两者？"

"对。"

[143d] "可是，那些正确地被称为两者的东西，它们能够是两者，而不是二吗？"

"不能。"

"那些是二的东西，有什么手法让其中每个不是'一'吗？"

"没有。"

"那么，既然在这些之中它们恰好 [d5] 成双，那么每一个就是'一'。"

"看起来是。"

"可是，倘若其中每一个是'一'，［如果］有个'一'被加到任一双上面，这整体的不就变成三了吗？"

"对。"

"三岂非奇数，二岂非偶数？"

"怎么不是呢？"

"这又如何？二存在，岂不就［143e］必然存在二倍，三存在，［就存在］三倍，倘若一的二倍可以是二，一的三倍就是三？"

"必然。"

"二和二倍存在，岂不就必然存在二的二倍；三和三倍［存在］，岂不又必然存在三的三倍？"

"怎么［e5］不呢？"

"这又如何？三存在，二倍也存在，二存在，三倍也存在，岂不必然存在三的二倍和二的三倍？"

"十分必然。"

"那么，就存在偶数的偶数倍、［144a］奇数的奇数倍，以及偶数的奇数倍、奇数的偶数倍。"

"是这样。"

"那么，倘若是这样，你认为还剩余什么并不必然存在的数吗？"

"绝没有。"

"那么,若'一'存在,数必存在。"

[a5] "必然。"

"但是,若数确实存在,多就存在,还有无限多的存在者;或者,数岂不变得数量无限,还分有'存在'吗?"

"当然。"

"那么,倘若所有数都分有'存在',数的每个部分兴许也分有它吧?"

"对。"

[144b] "那么,'存在'将被分配到全体诸多存在者,不会从任何一个缺席,既不从最小的,也不从最大的? 还是说,这样问不合理? 因为,'存在'怎么会从诸存在者中的任何一个缺席呢?"

"绝不会。"

"那么,[b5] 它就被切分为至大、至小、各色存在者,在全体之中是被切分得最多的,而且,[144c] '存在'的部分是无限的。"

"是这样。"

"那么,它的部分最多。"

"确实最多。"

"这又如何?它们中的某一个,亦即'*存在*'的一个部分,难道不就是部分吗?"

"怎么会成了这个样子呢?"

"但是,倘若我认为它确实存在,[c5]只要它存在了,它必然是这样的:永远是某个东西,不可能什么都不是。"

"必然。"

"于是,'一'就出现在'存在'所有各个部分上,既不离开较小的,也不离开较大的或其他任何部分。"

"是这样。"

"既然是'一',这个整体同时在许多个地方吗?[144d]想想这一点。"

"我想,我看这不可能。"

"那么,倘若不是整体,就是被分开,因为,否则它肯定不会同时在'存在'的所有部分,除非被分开。"

"对。"

"被分开的[d5]必然像这些部分一样多。"

"必然。"

"那么,我们刚才说的就不对了:我们说'存在'被分成最多的部分。因为，它不会被分得比'一'多，相反，[144e]它似乎与'一'相等；因为，'存在'不离开'一'，'一'也不离开'存在'，二者永远全部都相等。"

"看起来完全如此。"

"那么，'一'自身就因'存在'而被切分，就是多，[e5]且数量无限。"

"看来如此。"

"那么，不仅'存在之一'是多，'一'自身也因'存在'的切分必然是多。"

"完全如此。"

"而且，既然部分确实是整体的部分，'一'恐怕就整体而言会有止尽；或者，部分[145a]岂不被整体包围？"

"必然。"

"那个包围着的东西恐怕就是界限。"

"怎么不是呢？"

"那么，'存在着的一'某种意义上既是一，也是多，既是整体，也是部分，既有限，也在数量上无限。"

"看来如此。"[1]

"既然被限定,不就[a5]有端点了吗?"

"必然。"

"这样呢?倘若是整体,岂不有起点、中心和终点?或者,哪个整体可以脱离此三者而存在?如果其中任何一个脱离整体,整体还能存在吗?"

"不能。"

[145b]"看起来,'一'或许也有起点、终点和中心。"

"有。"

"而中心与每个端点距离都相等,因为,若非如此,它就不是中心。"

"若非如此,就不是。"

"看起来,这样,'存在着的一'或许分有某形状,肯定是直的或圆的,或者两者混合。"

[b5]"分有。"[2]

"那么,这样一来,它岂不既在自己当中,又在他者中?"

---

1 推论二(142d9-145a3):一或许既无限又有限。

2 推论三(145a4-b7):一或许有形状。

"怎么呢?"[1]

"每个部分肯定都在整体之中,绝不在整体之外。"

"是这样。"

"所有部分都被[145c]整体包围吗?"

"对。"

"而且,'一'肯定是它自己的所有部分,绝不比所有[部分]多或少。"

"绝不。"

"于是,'一'就是整体?"

"怎么不呢?"

"那么,倘若所有部分正好存在于整体中,且'一'就既是[c5]所有部分,又是整体自身,而所有部分又被整体包围,'一'恐怕就被'一'包围,这样一来,'一'自身恐怕已经在自身之中了。"

---

[1] 《泰阿泰德》204a区分两种整体:第一种是整体等于各部分之总和,第二种是整体是各部分总和之外的东西,其本身有个独立的形相。接下来的论证分别基于这两个意义上的整体。

"看来如此。"

"但是，整体却反而不在诸部分中，既不在所有[145d]也不在某个[部分]中。因为，倘若在所有之中，必然在'一'之中；因为，若不在某个中，恐怕也就一定无法在所有之中。倘若'一'是所有这些之一，而整体不在'一'之中，整体又如何在所有之中呢？"

"绝不在。"

[d5]"它也肯定不在某个部分中。因为，倘若整体在某个之中，较大的可就在较小的之中了，这不可能。"

"不可能。"

"可是，整体不在'一'或'多于一'或所有部分之中，岂不必然在异者之中，或者不再在任何地方？"

[145e]"必然。"

"那么，它无处所在，恐怕就是无。但它是个整体，由于它不在自身之中，它不就必在他者之中吗？"

"当然。"[1]

---

[1] 推论四（145b7-e5）：一或许既在自身之中，又在他者之中。

"那么，就'一'是整体而言，它在他者之中；可是，就它是所有部分而言，它在自身之中。这样一来，[e5]'一'必然既存在于自身之中，又存在于异者之中。"

"必然。"

"可是，'一'之自然是这样，它岂不必然既运动又静止？"

"怎么会呢？"

"倘若它在自身之中，它一定静止[146a]。因为，在'一'之中，又不越出自身，它恐怕就在同一个东西中，在自身之中。"

"是。"

"而那永远存在于同一个东西中的，无疑肯定是静止的。"

"当然。"

"这样呢？反之，那永远存在于异者之中的，岂不必然从来不[a5]存在于同一个东西之中，从来不在同一个东西中，也就从来都不静止，不静止就应该运动？"

"是这样。"

"那么，它随时既在自身又在异者中，'一'随时都既运动又静止。"

"看来如此。"[1]

"而且，它必定既同于自身又异于 [146b] 自身，同样，既同于又异于他者，倘若它确实具有前面这些。"

"怎样呢？"

"所有东西与所有东西都是这样相关：要么相同，要么相异；或者，若是既不相同，也不相异，它可以是与它相关的那个东西的一个部分，也可以是关于部分的整体。

[b5] "显得如此。"

"那么，'一'是它自身的部分吗？"

"绝不是。"

"那么，它与自身的关系就不是整体之于部分，进而在与自己的关系中作为一个部分。"

"不可 [146c] 能。"

"但是，'一'就异于'一'吗？"

"肯定不。"

"那么，它恐怕并不异于自身？"

---

1 推论五（145e6-146a8）：一或许既静止又运动。

"肯定不。"

"那么,倘若之于自身,它既非相异,又既非整体,也非部分,它岂不必已同于自身?"

"必然。"

"这样呢?[c5]在某异于自身者中的,而自身同于自身,岂不必然如此,它应异于自身,若它确实也应在异者中?"

"我看如此。"

"而'一'已经显得是如此,既在自身之中,同时也在异者之中。"

"确实显得如此。"

"那么,看起来[d],'一'由此恐怕就异于自身。"

"看起来是。"

"这样呢?若某物要异于某物,它岂不就是要异于他物吗?"

"必然。"

"那么,所有非一者都异于'一','一'异于诸非一者?"

"怎么不呢?"

"那么,'一'异于[d5]他者?"

"异于。"

"你看：'同'自身与'异'不是互相对立的吗？"

"怎么不呢？"

"那么，'同'能在'异'之中，或'异'能在'同'之中吗？"

"不能。"

"那么，倘若'异'永远不在'同'之中，就没有任何东西可让'异'存在于其内一段时间；[146e] 因为，倘若它在某个东西之中存在了无论多少时间，看起来恐怕在这段时间里，'异'就在'同'之中了。不是这样吗？"

"是这样。"

"可是，既然它永远不在'同'之中，'异'恐怕就永远不在任何一个东西之中。"

"正确。"

"于是，'异'既不 [e5] 在诸非一者之中，也不在'一'之中。"

"不在。"

"那么，'一'并非因'异'而异于诸非一者，诸非一者也并非因'异'而异于'一'。"

"不是。"

"它们肯定不会因自身而相异，既然它们未分有

[147a] '异'。"

"怎么会呢?"

"可是,倘若既非因自身,又非因'异'而相异,它们岂不完全已经避免了相异?"

"避免了。"

"但是,诸非一者肯定未分有'一';因为那样一来,它们就不是'非一',在某种意义上而是'一'了。"

"正确。"

[a5] "那么,诸非一者绝不是可数的,因为否则它们就不是绝对'非一',因为有了数目。"

"确实不是。"

"这样呢?那么,诸非一者是'一'的部分吗?或者说,这样一来,诸非一者分有'一'吗?"

"分有。"

"那么,如若'一'总存在,[147b] 而诸非一者也存在,'一'既不是诸非一者的部分,也不是以它们为部分的整体;同样,诸非一者既不是'一'的部分,也不是以'一'为其部分的整体。"

"确实不是。"

"但是,我们确实说过,那既不是部分、又不是整体、也不相异的东西将会相同。"

[b5]"确实说过。"

"那么,'一'对于诸非一者正是如此,我们是要说,它与它们相同吗?"

"是要这样说。"

"那么,看起来,'一'既异于他者及自身,又同于他者及自身?"

"恐怕至少从这套论证看起来是这样。"[1]

[147c]"那么,与它自身和他者既相似又不相似吗?"

"差不多。"

"无论如何,既然它看起来异于他者,他者肯定异于它。"

"怎么不呢?"

"所以,这样它就异于他者,正如他者异于它那般,既[c5]不更多,也不更少?"

"怎么不呢?"

"那么,倘若不多不少,那就是相似地咯。"

"对。"

---

[1] 推论六(146a9-147c1):一或许既不同于,也不异于自身和他者。

"所以，它与他者有多大差异，类似地，他者就与它有多大差异，故而，'一'与他者、他者与'一'也就有多么相同。"

[147d] "怎么讲？"

"是这样，你不是用名称指称东西吗？"

"是。"

"这样呢？你能够多次或一次说出同一个名称吗？"

"能。"

"那么，假如你说一次时是指具有这个名称的任何东西，假如多次的话 [d5] 难道就不是指那个东西了吗？还是说，不论你一次还是多次说同一个名称，毫无疑问，你总是在说同一个东西？"

"怎么会不是呢？"

"那么，'异'这个名称也是关于某个东西的吗？"

[147e] "当然。"

"那么，当你说出它时，一次也好，多次也罢，你并没有把一个名称用在别的东西上，也没有命名不是这个名称的东西。"

"必然。"

"可是，当我们说'他者'是异于'一'的东西,'一'是一个异于'他者'的东西时,我们两次说到'异',我们绝不是说了别的自然,[e5]而总是指那个具有这名称的自然。"

"那当然。"

"那么,'一'是异于他者[148a]的东西,他者也是异于'一'的东西,于是因为有了'差异','一'就与他者有了共同点,而不是区别点。可是,有共同点的东西不就相似了吗?"

"对。"

"可是,就'一'有着异于他者而言,根据这一点,它完全与它们全体相似。因为,它完全异于它们全体。"

[a5]"看起来是这样。"

"然而,相似一定与不相似相反。"

"对。"

"那么,异与同也是。"

"也是如此。"

"但是,这样看起来一定又是'一'与他者[148b]相同。"

"看起来确实如此。"

"然而,同于他者和异于他者是相反情况。"

"当然。"

"就'异'而言，它看上去相似。"

"对。"

"那么，就'同'而言，它不相似，从那与造成相似的情况相反的情况来看。[b5]'异'一定就造成了相似？"

"对。"

"那么，'同'造成不相似，否则它就不能与'异'相反了。"

[148c]"看起来是[这样]。"

"那么，'一'与他者既相似，又不相似，因'异'而相似，因'同'而不相似。"[1]

1　第二部分的辩证术展示也包含不少被称为"诡辩术"的论证，此处的论证（147c-148d）就是一个典型。它的推论方式从古代起就受到质疑。帕默尼德试图得出一个悖谬的结论："一"能够既像自身与他者，又不像自身与他者。"一"与"他者"相异，即"他者"异于"一"，"一"也异于"他者"。故"一"在与"他者"的关系中有了"差异"（147c6-7），"其他"也因与"一"的关系有了"差异"，"差异"成为二者的共同点。有共同点的二者是相似关系，于是，二者因差异反而相似。

"看起来,确实有这种道理。"

强行替柏拉图自圆其说,把诡辩解释为合理的论证没有意义。关键问题在于,该如何理解辩证术与诡辩术。

在《斐德若》中,苏格拉底提到名为帕拉墨德斯的爱利亚人特别有言辞技艺,能把同一件事情说得对听者显得既相同又相异,既是一又是多,既静止又运动(261b)。这个人在历史上无稽可考,一般认为这是在影射爱利亚的芝诺和帕默尼德。此处印证了这一点,帕默尼德用诡辩术让同一个命题正反结论都成立。

《智术师》提示说,仅凭收取学费和言辞技艺不足以辨识哲人与智术师。《欧蒂德谟》也打破了人们对苏格拉底与智术师关系的固有印象,他竟然站在智术师欧蒂德谟一边反对克里同。《智术师》用两分法寻找哲人的过程也同样揭示了哲人与智术师的差异极其微妙,柏拉图并不试图否认苏格拉底会用诡辩术,智术师也施行教育术。哲人与智术师的确显得相似,区分二者的是他们背后的哲学,即如何理解存在与非存在:前者"通过思考投身于存在之形相",后者"逃入非存在"(254a)。

柏拉图揭示出,假如像帕默尼德诗中所述,"非存在不存在",那么将彻底无法识别智术师,因为他不存在。故本篇后四组论证将改造"非存在",使其不再是绝对的无,而是可以言说的对象。

"还有这一点。"

"什么?"

"由于它经受了同,就不经受异。不经受异,也就不是不相似。不是 [c5] 不相似,也就是相似。可是就它经受异而言,它就有了异,有了异就是不相似。"

"说得对。"

"那么,'一'——就两者和分别就每个来说——同于他者,且又异于 [他者],[148d] 与他者就既相似又不相似。"

"当然。"

"那么,若它确实显得既异于自身,又同于自身,就两者和分别就每个来说,它岂以不相同方式显得与自身既相似又不相似?"

"必然。"[1]

[d5] "这样呢? 关于'一'接触与不接触自身和他者,情况又如何,你来想想吧。"

"我想想。"

---

[1] 推论七 (147c1-148d3): 一或许既与自身相似又不相似,又与他者相似又不相似。

"'一'自身已被表明必作为整体在自身中。"

"正确。"

"同样,'一'也在他者之中?"[1]

"对。"

"那么,就在他者之中而言,[148e] 它会接触诸他者;就它在自身之中而言,它无法接触他者,在自身之中时,它接触自身。"

"看来如此。"

"这样,'一'就会接触自身和他者。"

"接触。"

"这样又如何呢?任何东西[e5]要接触某个东西,岂不必须靠近它要接触者,占据那个位置,这个位置位于被接触物所处位置之后。"

"必然。"

"那么,若'一'接触它自身,它就必须紧随自身之后,占据它所处其中的那个位置之后的

---

1 这个推论的前提首先是 138a 亚里士多德同意帕默尼德所说的,存在于他者就要被他者包围且接触;其次是推论四(145b-e)的结论"一既在自身中,也在他者中"。

地方。"

"必须。"

"那么,'一'就是两个,要做到[149a]这一点,它得同时在两个地方;可是,只要是'一',就不能这样?"

"不能。"

"那么,'一'不是二,也不接触它自身,这是同样必然的。"

"同样。"

"可它也不会接触他者。"

"为什么?"

"因为,我们说,[a5]一个独立的东西若要去接触,必须紧贴它要接触的那个东西,它们之间不应存在第三者。"

"正确。"

"那么,倘若要接触,必须至少存在两个东西。"

"必须。"

"可是,倘若第三者被紧贴这两个之上,它们就是[149b]三个,接触点是两个。"

"对。"

"而且这样,每增加一个[东西],总是会增加一个接触点，结果就是接触点比总数[1]少一个。因为，最初的两个东西比接触点多几，[b5] 总数就比接触点多几个。当[149c]后来的一个一被增加到总数上，就给这些接触点又增添一个接触点。"

"对。"

1　这段关于接触的论证（149b-c）大量出现 arithmos [数] 一词，指接触者的数目。arithmos 在古希腊数学和哲学中都非常重要，毕达哥拉斯派认为，所见所闻的一切都可以被计数，这一观点因为不可公度量的发现而遭受冲击。计数的对象是可感知事物，"数"指的是一定数目的确定事物，这个含义延到16世纪拉丁语词 numerus 的含义。

因此，帕默尼德接下来证明，他者由于不存在"一"，也就是无法以一个确定单位为公度量，因此就不存在"数"。可感知事物可以计数的先决条件是存在"纯粹"的数单元，也就是"一"，这些"单元"不是感知对象，而是理智设想。这些单元构成了一个领域，与可感知事物分开。每种单元之存在都是"一"，也是不可分的。在这个意义上，柏拉图在《王制》中说算数与几何是通往"理念/形相"的必经学问阶梯。在随后的推论八中，"形相"按照《王制》给出的这个次第出现了。

"无论数目有多少,接触点总比它们少一个。"

"确实。"

"那么,若只是一不是二,也就 [c5] 没有接触点了。"

"那又为什么?"

"这样,我们说'一'之外的他者,既不是'一',也不分有'一',如若它们确实是他者的话。"

"确实不。"

"那么,在诸他者中不存在数,因为在它们之中不存在'一'。"

"当然。"

"那么,他者就既不是'一',也不是'二',也不是 [149d] 有着另外名称的某个数。"

"不是。"

"'一'就仅仅是一,而且不会是二。"

"显得不。"

"接触点也就不存在,由于二不存在。"

"不存在。"

"那么,'一'也就不接触他者,他者也不接触'一',因为不存在接触点。"

[d5]"的确不。"

"因此,根据这一切,'一'既接触又不接触他者与其自身。"

"似乎是。"[1]

"那么,它是否既等于又不等于它自身以及他者呢?"

"怎么讲?"

"若'一'比他者更大或更小,[149e]或者反过来,他者比'一'更大或更小,并不是由'一'作为'一'、他者作为'一'之外的其他东西,即不是由这些,由它们的'存在',而是由比较才更大或更小,不是吗?那么,在其所是之外,若二者的每一个都[e5]有了'相等',它们就会相等。若他者有了'大'、'一'[有了]'小',或'一'[有了]'大'而其他[有了]'小'。那么,难道不是形相'大'附着的那个就大些,'小'附着的那个小些?"[2]

1　推论八(148d4-149d8):一接触且不接触自身及他者。

2　这段论证的关键是认为两个东西的大小关系不是因其各自的"存在"而产生,而是因"比较"而产生。

"的确。"

"那么两个形相'大'与'小'不就存在了吗？否则，[e10] 若在某种情况下不存在，它们就不能彼此对立，也不能生成于 [150a] 诸存在者中。"

"怎么能呢?"

"倘若'小'生于'一'，就要么于其整体，要么于其部分。"

"必然。"

"若生于整体会如何？它难道不是要么相等地遍布'一'之整体，要么包围它 [a5] 吗?"

"显然。"

"那么，若是相等地，实际上'小'就等于'一'自身，若是包围，就大于?"

"怎么不呢?"

"'小'是否可能等于或大于某物，实现大与相等，却 [150b] 不 [实现] 它自身呢?"

"不可能。"

"'小'就不能在'一'之整体中，可是，的确在部分中。"

"对。"

"也不会在这个完整的部分中，否则，与整体相同的情况又会出现：它将等于或大于那个它所在其中的部分。"

"必然地。"

"'小'也就不会处于这些存在者中的任一个里，它既不会部分地也不会整体地生成于其中。"

"似乎不。"

"'大'也将不在其中，某个其他的且 [150c] 异于它的东西将会更大——若'大'自身出现在这个东西之中的话；而且，它也不存在'小'，若它确实为'大'，'大'必然会超过'小'。这却不可能，因为'小'不在任何地方。"

"确实。"

"于是，'大自身'除了'小自身'之外，不大于他者；'小'也不小于他者，除了'大自身'之外。"

"确实不。"

"他者也就既不比'一'更大，也不更小，既不具有'大'，也不具有'小'。[150d] 此两者对于'一'来说，也没有这种超过或被超过，但却在彼此之间有；'一'不会较这两者也不会较他者更大或更小，它不具有'大'，也不具有'小'。"

"显得不。"

"那么，[d5] 当然，若'一'较他者而言，既不更大也不更小，它不就必然既不超过也不被超过吗？"

"必然地。"

"现在，这种既不超过也不被超过的情况必然就是达到相等，达到相等就是作为相等存在。"

"怎么 [150e] 不呢？"

"再来，'一'之于其自身也是如此：由于它在自身中既不具有'大'也不具有'小'，它既不能被[自身]超过，也不能超过自身，可是，达到相等的话，它就会等于自身。"

"当然了。"

"'一'也就会等于自身与那些 [e5] 他者了。"

"显得是这样。"

"而且，由于它确实存在于自身之中，且还会从外面围着它，且若包围它 [151a] 就会比它自身较大，被包围则较小，于是，'一'将会比自身既大又小。"

"就是会这样。"

"那么现在，是否必然如此，没有任何东西外在于'一'与他者？"

"怎么不呢？"

[a5]"可是,存在者总得在某个地方吧。"

"对。"

"现在,那个在某物中的东西将会作为较小的在较大的之中?否则一个就不能在另一个之中。"

"可不是嘛。"

"可是,由于除了他者与'一',别无他物,而它们又必须存在于某个东西中,那么不就必须得在彼此之中了吗,他者在'一'之中,'一'也在他者之中,[151b]又或者不在任何地方?"

"显得是这样。"

"由于'一'在他者之中,他者就会比'一'大、包围着它,'一'就比他者小、被包围;由于他者在'一'之中,按照同样的道理,'一'就会比他者[b5]大,他者比'一'小。"

"正是如此。"

"那么,'一'相较于自身及他者,既相等,又更大,又更小。"

"显得是这样。"[1]

---

[1] 推论九(149d8-151b6):被认为通篇最难解的推论。"一"或许既等于、又大于、小于自身和他者。这

"此外,若相较于自身及他者,确实更大和更小和相等,[151c] 就会有相等和更大和更小的量,由于这个量,随即就有了部分。"

"怎么不呢?"

"那么,由于相等和更大和更小的量,于是,在数上就会比自身及他者更少或更多,也会与自身及他者相等,在[c5]这个方面。"

"如何?"

"比哪个更大,它就会在量上更多,这些量有多少,就有多少部分;比哪个更少也是如此;与哪个相等也是如此。"

"是这样。"

个推论备受重视,因为亚里士多德在《形而上学》987b26-988a11指出,柏拉图把"一"与"大与小"分别当作善与恶的原因。按照亚里士多德的说法,柏拉图同意毕达哥拉斯派所说的"一"是最高存在和数是事物之原因,还说无定出自大与小,即"未定之二"。形相与可感知事物、一与形相的关系就暗含于"大与小"这"一对"中。同时柏拉图和恩培多克勒与阿纳克萨戈拉等人一样,分别把善与恶之原因安排给这些形而上学要素。

"于是，由于它相较于自身更大、更小与相等，它不就会有等于、[151d] 多于、少于自身的量吗？且由于这些量，也就有了部分？"

"怎么不呢？"

"那么，由于它与自身有相等的部分，就会与自己一样多，由于[有]更多的部分，则比自己更多，由于[有]更少的部分，就在数上比自己更少。"

"显得是这样。"

"对'一'而言，[d5] 相对他者不也如此吗？由于显得比它们更大，必定在数上比它们更多。由于更小，则更少；由于同等大小，与他者相比就同样多。"

"必然地。"

"如此反过来看，则是这样[151e]，'一'自身将会在数上相比自身及诸他者相等、更多与更少。"

"它是这样。"

"那么，当然，'一'也分有时间，它是否就是且变得比自身及他者更年轻且又更老，[e5] 且又既不比自身、也不比他者更年轻又更老——由于分有时间？"

"为何?"

"在某种程度上,'存在'属于它——如果'一'存在。"

"对。"

"'正在存在'不就是伴随现在时间分有'存在',同样地［152a］'曾经存在'是伴随过去时间,而'将要存在'是伴随将来时间与'存在'的连接?"

"正是。"

"那么,若确实分有'存在',它就分有时间。"

"当然了。"

"那么,它随时间流逝。"

"对。"

"它就变得比自身老,［a5］倘若它确实与时俱进。"

"必然地。"

"我们还记得这个吗——年老的在更新的同时,变得更老了?"

"记得。"

"现在,由于'一'变得比自己更老,它不就会因变得比自己更新,而［152b］变得更老吗?"

"必然地。"

"那么，就变得比它自身既更新又更老。"

"对。"

"它就更老了，不是吗，当它在现在时间——即，'过去存在'与'将来存在'之间的时间——中生成时？因为，当它从过去发展至未来时，不会跳过现在。"

"当然不。"

"它在那个时候难道不就不再变老了吗？一旦到达［152c］'现在'这个点上，就不再变得，而是在那个时候已经是老的了？当前进时，它从不会受制于现在。因为，前进的那个东西总是像这样能够触及'现在'与'此后'这两者：边放开'现在'，边［c5］抓住'此后'，当它于此二者之间变动时，即'此后'与'现在'。"

"确实。"

"如果确实必然地，所有'生成者'都躲不开这个'现在'，无论它何时在其中，［152d］它都将一直远离'变成'、并且'是'那个它碰巧将会变成的东西。"

"显得是这样。"

"而且'一',无论何时通过变老而遭遇'现在',那个时刻它都会远离'变成'与'是'更老的。"

"完全如此。"

"因此,无论它变得比哪个东西[d5]更老,它都老于这个东西——是否也就变得比自己老?"

"对。"

"是否较老的东西比较年轻的要老一些?"

"是。"

"那么,'一'在变得更老的过程中,遇到这个'现在'时,比它自身更年轻。"

"必然。"

"'现在'[152e]却必然伴随着'一',贯穿于整个'存在'。无论它在何时,都将是现在。"

"怎么不呢?"

"'一'也就往往既'是'又'变得'比自己更老又更年轻。"

"它就是这样。"

"它'是'又'变成'比起自己更多的时间,抑或相等的?"

"相等的。"

[e5]"可是'变成'或'是'相等时间的东西

具有相同年龄。"

"怎么不呢?"

"具有相同年龄的东西,就既不是更老,也不是更年轻。"

"确实不。"

"那么,'一',由于它既'变得'又'是'与自身时间相等,也就既'是'又'变得'比自身既不更年轻也不更年老。"

[e10] "我觉得不。"

"这又如何呢? 相对他者而言?"

"我说不上来。"

[153a] "你当然至少可以这么讲,即'一'之外的他者,其实是一些相异者,而不是一个相异者,就是多于'一'。是一个相异者的就会是'一'了,可由于它们是一些异者,它们就比'一'多,也就有了'多'"。

"确实会有。"

"是'多'的东西就会分有比'一'多的数。"

"怎么不呢?"

"这样呢? 我们将会说,关于数,是较多的先生成且已生成,还是较少的呢?"

"较少的。"

"最少的就最先,这〔153b〕就是'一'。不是吗?"

"对。"

"在所有具有数的东西里面,'一'是最先生成的。他者也具有数,若它们是一些他者,而不是一个他者。"

"它们也有。"

"但是,我认为,先生成的就占先,其他则〔b5〕居后,可是,后生成的东西就比先生成的年轻,于是,他者就比'一'年轻,但'一'得比他者老。"

"它会是这样。"

"这一点又如何?'一'能违逆自身之自然而生成吗,或是不能?"

〔153c〕"不能。"

"可是,当然已经证明,'一'有着许多部分,若有了部分,也就有起点、终点、中心。"

"对。"

"全体——包括'一'自身和每个他者——都是最先生成一个起点,继而〔c5〕所有其他东西,直到终点?"

"怎么不是?"

"此外，我们会说所有这些他者，其实都是这整一的碎片，而其自身，这整一，则在终点时刻生成为'一'和整全。"[1]

"我们确实会这么说。"

"无论如何，我认为，终点最后生成，[153d]'一'则同时随之自然地生长。于是，若'一'必须不违背自然生成，那么，由于它与终点同时生成，它就会在他者之后自然地生长。"

"显得是这样。"

"那么，'一'就比他者更年轻，他者则比'一'更老。"

[d5]"确实这样向我显现。"

"这样呢？'一'或他者的起点，或任何其他部分，若它确实是一个部分，而不是许多个部分，难道不就必须是'一'了吗——由于是一个部分？"

"必须。"

"于是，'一'就会与第一个的生成同时生成，[153e]也与第二个同时，没有哪个生成的他者会错过，它会将自身缚于它们之上，直至终点，一个整

---

[1] "一和整全"还出现在下文157e。

一生成，在其生成中，不会错失中心、原初者、终末者与他者。"

[e5]"确实。"

"那么，'一'就与全体他者有着同样的年岁。若'一'不违背自然生成，它将会既不在他者之前，也不在其之后生成，而是同时。[154a]而且，依据这同一套论证，'一'比起他者而言，将会既不更老，也不更年轻，他者相较于'一'也不会。"

"当然。"

"它就'是'这样，且[a5]'成为'这样。可是，反过来这又如何呢——它变得比其他那些'一'之外的东西更老且更年轻，它们变得既不更年轻，也不更老？正如关于'存在'，关于'生成'是否也是这样，还是另外的呢？"

[154b]"我说不出。"

"可是，至少我可以这么说：即便一个年老的东西确实比他者老，它不能变老得多于它最初生成时[与他者]既有的那个年龄差；反之，那个是年轻的东西也不变得更年轻。[b5]因为，当相等的被加到不相等的时候，时间或其他东西，总是让差等于最初那么多的差。"

"怎么不呢?"

"那么,因为年岁的差异是相等,'存在'则绝不会变得比'存在之一'[154c]再老些或再年轻些:它是且变得更老,另一个较年轻,但不是变成这样。"

"确实。"

"而且,'存在之一'也不会比'存在之他者'变得再老些或再年轻些。"

[c5]"绝不会。"

"你看它们是否以这种方式变得更老或更年轻。"

"以什么方式?"

"就此而言,'一'被展现得比他者老,它们也比它老。"

"什么意思?"

"当'一'比他者老时,它当然也就在某种程度上比[154d]他者生成了更多的时间。"

"对。"

"再考虑一下这个:若我们能给多的时间与少的时间增加一个等量时间,多的那个与少的那个差是因为一个相等的部分呢,还是因为一个更小的呢?"

"因为一个更小的。"

"那么,'一'最初与他者的年龄[d5]差是多少，到后来也就是这么多；但是，由于它与他者获得等量时间，比起以前，它将在年龄上与它们的差距更小。不是吗？"

"对。"

"现在，一个东西与某个东西年龄差距[154e]较过去更小，相对于它较之更老的东西来说，比起过去，它将会变得更年轻？"

"更年轻。"

"那么，若这一个更年轻了，相对于'一'，比起过去，那些他者难道不也更老了？"

"当然。"

[e5]"相对于生成得较早、是较年老的那个东西，较年轻的东西在变得更老；然而，它绝不是较老的，相反，它是比起那个东西，正在变得更老些的。因为，那一个在朝着更年轻前进，年轻的那个则朝着更老。

[155a]"同样地，比起较年轻的那个，较老的东西，就变得更年轻些了。因为，当它们两者朝对立的方向去时，它们变成彼此的对立者，比起较老的那个，较年轻的那个变得更年老些了，比起较年轻的那个，较老的那个更年轻些了。

[a5] "但是，它们不能够生成为这样。因为，若它们过去生成为这样，它们就不再会生成了，而会就是这样。但现在的状况是，它们正变得比彼此更老且更年轻。'一'变得比他者更年轻些，因为显然它是更老的那个，且 [155b] 生成在先；而比起'一'，他者变得更老，因为它们生成在后。但是，依据这同一套论证，他者之于'一'也是这样，因为，它们已经被展现为比它较老且生成得更早。"

"确实显得是这样。"

"这样一来，[b5] 没有任何东西变得比起另一东西更老或更年轻，因为，彼此相差总是相同数目，比起他者，'一'既不会变得再老些，也不会再年轻些，比起'一'，他者也不会。较早生成的东西则必定应该与较晚生成的东西有差异，因一个永远有差异的部分，反之亦然，[155c] 由于这一点，它们就必然变得比彼此更老又更年轻——他者比起'一'、'一'比起他者都是这样？"

"当然。"

"按照所有这些，'一'自身比起 [c5] 自身与他者，既'是'又'变得'更老与更年轻，比起自身与他者，既不'是'又不'变得'更老与更年轻。"

"完全如此。"

"但是,由于'一'分有时间,并且 [155d] 变得更老与更年轻,若确实分有时间的话,它难道不就必然地分有'过去'、'将来'与'现在'吗?"

"必然地。"

"'一'也就过去存在、现在存在、将来存在,且过去生成、现在生成、将来生成。"

"怎么不?"

"那么,会有 [d5] 某个东西属于它,且关于它,当它过去是、现在是、将来是。"[1]

---

[1] "一存在",则既"一"又"存在",即既是一又是多,既是整体也是部分,既有限也无限(145a),既在其自身之中,也在其他之中(145b、145e),既运动又静止(146a),既相同又不同(147b),相对于自身及其他,既相似又不相似(148cd),与自身及其他既相接触又不相接触(149d),既等于自身及其他,又大于自身及其他,又小于自身及其他(151b),既在数上等于、多于且少于自身及其他(151e),是且变得比自身及其他更老、更少,亦与之同龄,又不[更老、更少或与之同龄](155c),分有时间[现在、过去、将来],在过去、现在、将来都既存在又生成(155d),永远有关于它的东西(155e)。

"当然。"

"也就会存在关于它的知识、意见与感觉,若我们现在确实研习了所有这些关于它的东西。"

"你说得对。"

"也就存在关于它的名称与言论,[155e]它也可被命名与言说,他者适用的这些,也都适用于'一'。"

"完全是这样!"

刹那:无何有之乡

"那么,我们来第三轮讨论吧。[1] 若'一'就如

---

[1] 接下来的内容进入"第三次",普罗克洛斯等人认为155e-157b是新的一组假设,他们认为全部假设分为九组。另一种观点认为,辩证术训练的结构是两两相对的八组,这组假设应该被视为第二组假设的附加。这段文本从主题上看实质上延续第二组假设,继续处理拥有各种对立性质的"一";同时,这个"一"既"一"又"多",并且在时间中,是对前两组假设之间裂隙的补救。

帕默尼德在这里称之为"第三次",但它并不是预示一个崭新的、第三组论证,它将在第一组假设与第二组假设之间的矛盾中寻求一种超越与上升。这个论证表明,对时间性

同[e5]我们已经描述的那样[1]存在,难道它不必然如此:既是一,又是多,既非一,亦非多,还分有时间,就'一'存在而言,有时它分有'存在',但就其不存在而言,有时它不分有'存在'。"

"必然。"

"是否可能在它分有时不分有,或者,在它不分有时分有?"

[e10]"这不可能。"

"因此,有时分有时间,有时不分有时间;只有这样,它才会既分有又不分有同一个东西。"

[156a]"很准确。"

"是否存在这一刻,它变得参有'存在',以及放

存在的概念化重现仍然有不可化解的困境。帕默尼德试图在逻各斯中构建一个本不可能存在的刹那,这是一个彻底的言辞中的刹那,它既存在又不存在,"生成"与"存在"在其中达成共处。

1 "我们已经描述的那样"指 151e7-155d6。新柏拉图主义的观点认为"第三次"假设是前两轮统一后的结果,一些当代研究也赞同此观点;反对者认为此处的"一"是生成世界的可感知事物,不是超越性的形相。

掉它？或者说，除了在同一时刻既捕捉到又放掉它，怎么可能在同一个时间既有又无同一个东西呢？"

"绝无可能。"

"参有'存在'，[a5] 你难道不称这为生吗？"

"我[称]。"

"放掉'存在'不就称为灭吗？"

"完全如此。"

"那么，'一'便如此，因捕捉与放掉'存在'，就既生又灭。"

[156b] "必然。"

"但由于它既一又多、既生又灭，难道不是这样：生成为一时，'为多'即灭，生成为多时，'为一'即灭？"

"完全正确。"

"那么，在变得一与多时 [b5]，它不就必定要被分与合吗？"

"极为必然。"

"此外，它变得不相似与相似时，它是否也被相似化与不相似化？"

"对。"

"而且当更大、更小和相等时，它是否增加、缩减和等同呢?"

"是这样。"

[156c]"但是,它由运动趋向静止之时,由静止变为运动之时,当然,它自身必须不是在任一时间里。"

"如何?"

"先静止后运动,或先运动后静止,它不会不转变就经受这些。"

[c5]"怎么会?"

"可是,不存在这样的时间——某物在其中可以同时既不运动又不静止。"

"确实不。"

"可是,不经历转变就不会有变化。"

"很可能不。"

"那么,什么时候转变呢? 它的转变既不在静止中,也不在运动中,也不在[156d]时间中。"

"确实不。"

"那么,是否存在这样一个'无何有之乡',[1]

---

[1] 帕默尼德称这个特殊的东西为 atopon,与莫尔的 utopia 谐音,指奇怪、不在恰当的位置,一个存在又不存在的东西。这是唯一一个亚里士多德与帕默尼德都没有用到

当它变化时也存在于其中?"

"这是什么?"

"'刹那'。[1] 因为,刹那似乎表示这种东西,由

---

phainesthai [显现] 一词的假设。在此处没有任何东西向他们任何一人显现,尽管在其他地方要么一,要么他者显现;不过,另一方面,没有哪个假设缺少"显现"的对应者:各个假设,自始至终都提到"看起来像或像是"。

帕默尼德接下来引入"刹那",以便得到一个设置在时间之外的居间者,所有处于时间当中的生成与消逝的转变之间的居间者。帕默尼德将这个经验性的突发事件数学化:其另一个出现就在第七个假设当中。它的功能在于把假设一与假设二结合起来。这个突发是一个乌托邦,在那里可以存在第一假设的分离开的理念。它是理念的理念。

[1] "刹那"(exaiphnēs)是运动和静止之间的特殊一刻。前两组假设共同建立起"一"的超越性。而这个"第三次推论"则说明这样一个"一"为何又可以内在于事物。"第三次推论"通过设置时间之外的"刹那",重新定义了"一",它内在于事物,无论事物如何变化都一直处于某个"刹那"。借助"刹那","一"又可以使事物实现自我同一。这样一来,超越性与内在不仅不矛盾,反而成了内在的必要前提。

它可以发生向二者中任意一方的改变。静止不动时，[d5] 某物不能从静止状态中改变，运动时，也不能从运动状态改变。可是，刹那无何有之自然隐于动静之间，[156e] 不寓于任何时间中，出乎其外而入乎其内，运动者变为静止，静止者变为运动。"

"这很有可能。"

"那么，'一'若确实既静止又运动，也就在二者间转变——惟其如此，才会兼及二者——[e5] 但是，改变在刹那间改变，它改变时，不在任何时间中，不动亦不静。"

"确实不。"

"那么，关于其他的改变是否也是这样呢？当其从'存在'变为'灭'，[157a] 或从'不存在'到'生'，它是否就变得在某些运动与静止之间，是否

这样也就解决了形相论中遇到的事物与形相关系的问题。设置"刹那"成为连接非时间性的形相与时间性的事物之间关联的重要方式，并且克服了苏格拉底在第一部分提出的这个困难——由于形相是自在的，它就不能出现在我们之中。虽然形相根本上不同于事物，却正好可以作为事物的内在根据。然而，它是无何有之乡。

非存在亦非不存在,是否非生亦非灭?"

"似乎是这样。"

"那么,依据同样的道理,由一[a5]至多与由多至一,它非一亦非多,不分亦不合。又及,由相似至不相似,由不相似至相似,非相似亦非不相似,非同化亦非异化;又及,[157b]由小、大、相等到其对立者,它非小非大亦非相等,不增不减亦不等。"

"似乎不。"

"若存在,'一'就会历经所有这些情况。"

"怎么[b5]不呢?"

假设三:他者之自然与形相

"我们不该思考,'一'若存在,究竟他者具有什么吗?"

"我们应该思考。"

"那么,我们就讨论一下,'一'若存在,别于'一'的东西必须经受什么?"

"让我们谈论。"

"于是,既然是别于'一',他者就不是'一',

否则 [157c] 就不会有别于'一'。"

"对。"

"这些他者也并不是被彻底夺去'一',而是以某种方式分有着。"[1]

"以什么方式呢?"

"鉴于在某种程度上,正由于有着部分,他者才有别于'一';若它们无部分,就浑然为一了。"

"对。"

"我们说,[c5] 可是,部分属于那个是整体的东西。"

"我们确实这么说。"

"可是,整体必定是由多组成的一,部分是它的部分。因为,某个部分不是多的部分,而是整体的[部分]。"

"这是怎么说?"

---

[1] 帕默尼德说他者也不能彻底没有"一",但他没有给出详细的论证。稍后他将在假设四中补充说明这一点,在那里他者被当做在各方面都没有"一"(159e1)。帕默尼德将会说明,如若他者被这样与"一"剥离开,就不会有任何性质。

"如若某个东西是多的一个部分，[157d] 它就是它们当中之一，它当然也就是自身的一个部分，但这不可能。若不能作为每个的一部分，就不能属于全部的一部分，它还要是每个他者的一个部分。由于它不是一的部分，它就是除去一的他者的一部分，这样它就不是每一个的一部分。若不是每一个的一部分，它就 [d5] 不是多中的任一个的一部分。但若它不属于任一个，它就不能是它们的一部分或类似东西。"[1]

"确实显得如此。"

"那么，这个部分也就既不是多，也不是全体的部分，[157e] 而是某个单独理念的、一个我们称之为'整体'的一的部分：一个由所有 [部分] 造就的整全之物。正是如此，部分才成为一个部分。"

1　按照通常理解，一个东西是许多东西的一部分，意味着它是其中一员，这意味着把许多东西视为一个集合体。但此处的前提是，多不是整一，不能视为集合体，必须视为许多个个体。那么，一个东西要成为这许多东西的一部分，意味着它是每个个体（也包括它自身）的一部分。

"完全如此。"

"那么，若他者有部分，它们必然分有整体和一。"

"确实。"

"那么，别于'一'的就必然是一个拥有部分的完满 [e5] 整体。"

"必然。"

"而且，关于每个部分，也是同样的道理：部分必然分有 [158a] '一'。若它们每一个都是一个部分，'每一个'就当然表示是一，与他者划分开，是其自身，倘若它确实是每一个的话。"

"对。"

"可是，很显然，它会分有'一'，是不同于一的东西。否则，它不会分有，而是本身就会是一。但是，如其所是，除非'一'自身，不可能有任何东西是一。"

"不可能。"

"但是，整体与部分都必定要分有'一'。因为，整体就是部分因之而是部分的一个东西。每个是一个整体之部分的东西都会是这个整体的一个部分。作为整体之部分的每个部分则为这个整体的一个部分。"

"是这样。"

[158b]"那么,分有'一'的那些东西,岂不作为异于它的东西而分有它?"

"怎么不呢?"

"可是,异于'一'的东西必为多。因为,若'一'之外的东西非'一'亦非'多于一',它们就会是无。"

"确实是无。"

[b5]"但是,分有一个部分之'一'的东西和分有一个整体之'一'的东西都是多于一,岂不必然如此:那些要去参有'一'的东西会在数量上无限?"

"为何?"

"让我们来这样看:要去参有是否不是指别的,而是指它们不是一,也不分有'一',在它们要去分有的时候?"

"肯定是这样。"

[158c]"所以,它们是多,'一'不存在于它们之中。"

"当然是多。"[1]

"这样呢?若我们愿意尽我们所能,凭思想[2]从

---

[1] 157c-158b:帕默尼德要表明,他者如何能够分有"一"且又不同于"一"。这个论证分两步:

1. 首先为他者赋予一种整体-部分结构(157c-158a),他者通过"拥有部分"(157c3),就能够区别于"一",因为"一"是一个完全的"一"(157c4),即一个纯粹的统一(157c)。然而,这些部分并不归属于一个多,而是归属于一个统一的、不可分的整体(157c-e)。因此,他者们若要具有部分,就必须每个都是一个整体,并且分有"一":他者中的每个都会是一个由许多个部分组成的"一"(157c6)。

此外,每个部分都适用于"同一套逻各斯"(157e6);因为它本身是一,所以必须不同于"一",也必须是复合的(157e-158a)。

2. 帕默尼德接下来转向数量上的多(158a-b)。由于分有"一",他者就与"一"不同,它们不是同一个东西(158a-b)。但是,如若他者既不是"一",也不是多于一,它们就会是"无"(158b4),而这明显不可能。于是,他者在数目上必须是多。

[2] 对参《王制》卷六的"分线喻"(509-532)关于形相与辩证术关系的大致结构。在"分线喻"中,灵魂的四种状态分别对应四种认识对象。其中"可思域"由上

这些东西中提取极细微者，取出的那个东西若不分有'一'，岂不必然是多不是一？"

[c5]"必然。"

"当我们沉思那别于形相的自然，[1] 仅凭其自身，就此而论，不论我们看到多少，总是无定之多？"[2]

"当然。"

[158d]"此外，由于每一个部分都会成为一个部分，它们相对于彼此、相对于整体同时都有个限度，整体之于诸部分也是如此。"

到下包括"诸形相"和"数学对象"："理智"认识"形相"，"思想"认识"数学对象"。形相还不是认识的终点，通过辩证术摆脱感觉，追求每一个存在者本身，直到借助理智本身把握住善本身，才能走到可知之物的终点。

1　就多的自然来考察多，而非就多的形相，因为形相强调共性，在某种意义上这些多就具有了同一性，而此处强调自然，即多的无限定性。

2　帕默尼德提出，他者多于一（158b3、b5），因此它们就其自身而言必须在数量上无限（158b6），必须是多（158c1）。每个他者及其每个部分都"就其自身而言"是一个多（158c4），并且都无限定（158d6）。这意味着，形相为每个这样的多提供限定（158d1-2、d5）。

"确实如此。"

"对于异于'一'的他者而言,结果就是,从'一'的和从它们自身的集合中,[d5] 某些异者生成于其中,如其所显现,这些东西为它们彼此带来一个限度;而它们自身之自然,其自身,赋予无限。"

"显得是这样。"

"这样一来,异于'一'的他者,作为一些整体与一个个部分,既是无限的又分有限度。"

"确实。"

[158e] "它们难道不是与彼此、与自身相似亦不相似吗?"

"怎样呢?"

"它们全体都因自身之自然,在某种程度上无限,就此而论,它们会以相同方式经受这相同的状况。"

"确实。"

"它们全体都分有了一个限度,就此而论,它们同样 [e5] 经受这相同的状况。"

"怎么不呢?"

"但是,它们应该既有限又经受无限,就此而论,它们将会有这些状况,它们就会彼此对立。"

[159a]"对。"

"可是,对立者绝不可能相似。"

"怎么不?"

"在任一单独的状况中,它们会与自身和他者相似,但是,当此两种状况叠加时,它们就会尤其对立且不相似。"

"恐怕是这样。"

[a5]"如此一来,他者将会与彼此和与自身,既相似又不相似。"

"是这样。"

"'一'之外的他者还彼此间既同又异,既运动又静止,我们可以毫不困难地指出,经受所有这些相反的状况,因为,事实上[159b]它们显然经受了这些。"

"说得不错。"[1]

1　假设三涉及"整体与部分","有限与无限","相似与不相似"。这组假设讨论了作为限度的"形相"与作为一种无限的形相之外的"自然"如何共同出现在"一"之外的"他者"即可感知事物之中。关于整体与部分的讨论服务于这个整体意图,关于相似与不相似的讨论则是补充说明。

假设四：与一分离的他者

"那么，若我们把这些已经证明过的东西搁置起来，让我们再次考察，一若存在，'一'之外的他者是不是仅仅会这样？"

"当然可以。"

"就让我们从头说起吧，[b5] 一若存在，'一'

这组假设通常被解读为柏拉图对可感知事物如何分有形相的说明，他者被理解为分有形相的可感知分有物，在"一"与"无限多"的相互作用中，出现分有者可具有的各种性质，无限多被解释为一对立者，即大与小，这也就是亚里士多德《形而上学》中所谓的柏拉图的形相来自"一"和"大与小"。假设三和假设七是一对，共同讨论了"无限多"——无限定、无限度的多。

假设七暗示灵魂反抗"存在"的同质化作用，要借助于无限的异质性或个体性来彻底取消同质化作用。帕默尼德采用各种抵抗同质化吸引力的方式武装苏格拉底，第一个方式即第三个假设。这是第一次也是唯一一次，帕默尼德给出整体是什么。他称整体不可以被归约为一个总和，它是一个"理念"。帕默尼德通过整体恰当的部分来揭开整体的含义。

之外的他者必定经受些什么呢?"

"我们就说说吧。"

"难道不是'一'与他者分离,他者也与'一'分离吗?"[1]

"为何?"

"因为,除此之外,别无其他情况,某个东西既异于'一',又异于他者。[159c]当有人说'一'与他者时就穷尽了所有。"

"确实是所有。"

"除这些之外,不另有'一'与他者都在其中的同一个东西。"

"没别的了。"

"那么,'一'与他者就不存在于同一个东西里。"

"看起来不。"

1　假设四的他者与前一组假设的他者完全不同。前一组假设的他者没有完全与"一"分离,这组假设的他者脱离一切其他东西,只与自身相关,类似于第一组假设中的"一自身",他者与"一"绝对分离。它否定任何相对立的状态与性质,"既不……亦不……"。这个他者不是"一",甚至也不能将其等同于多(159d-e)。

"那不就是分离的吗?"

"对。"

[c5]"我们说,真正的'一'没有部分。"

"怎么能呢?"

"'一'不会在作为一个整体的他者中,也不会是其部分,若它既与他者分离,又没有部分。"

[159d]"怎么能呢?"

"他者就不会分有'一',不会在某个部分分有它,也不会整体上分有。"

"似乎不。"

"因此,他者绝不会是'一',自身之中也没有'一'。"

"确实不。"

"他者也不是多;[d5]倘若它们是多,每个都会是整体之部分。但是,现在,'一'外的他者非一亦非多,非整体亦非部分,因为,它们不会以任何方式分有它。"

"是啊。"

"于是,他者自身亦非二或三,那些东西也不在它们之中,[159e]若它们确实完全被剥离了'一'。"

"就是这样。"

"他者与'一'也就非相似非不相似，相似与不相似也不会出现在它们之中；若它们相似和不相似了，或者相似与［e5］不相似在它们自身之中了，'一'之外的他者自身之中就会有着两种彼此对立的形相。"

"显得是这样。"

"但是，要让没有'一'的东西有二，这无论如何却是不可能的。"

"不可能。"

"他者非相似，非不相似，亦非兼具。［160a］因为，若他者与'一'相似或不相似，他者就会分有'一'，或者别的这些形相；若是兼具就分有对立者，但是，这显得不可能。"

"确实。"

"因此，他者不同不异，不动不静，［a5］不生不灭，无更大、更小、相等。因为，若他者服从于经受这些东西，它们将会分有一二三，以及偶奇数——这些是它们［160b］显然不可能分有的东西，因为，它们完全被剥离了'一'。"[1]

---

1 假设四用归谬法讨论，如果他者与"一"绝对分离，没有分有关系，那么结果会如何，其意图是展现分有的

"再正确不过了。"

"这样一来,若一存在,相对于自身和他者,'一'是所有又甚至不是一。"[1]

"完全正确。"

假设五:非存在与意见

[b5]"很好,若'一'不存在,我们随后不该考虑一下会发生什么吗?"

"应该考虑。"

必要性。帕默尼德先在159b-c给出一组反对分有的论证,再在159c-160b得出他者不分有时的结果,而这些结果直接与假设三的结果对立。第四组假设则表明,若他者与"一"彻底分离,他者本身若是不能分有"一",被"剥离了一"(160b),那么就无法认识,也不遭受任何状态。这组假设只借助了"整体与部分","相似与不相似",以及数。

[1] 这是对前四组的总结,得出一个对立的结论,然而这个对立的结论来自四组前提和推论不同的假设。例如,假设一的前提是一个绝对独立的"一",因此没有任何属性。假设二的"一"则处于关系中,因此拥有全部属性。因此,此处总结的矛盾只是表面的矛盾。

第四场　帕默尼德的论证沧海　　157

"那么，这个假设会是若一不存在吗？它是否与这个若非一不存在有所区别呢？"

"它当然有区别了。"

"仅仅是有区别呢，还是说，[160c] 若非一不存在与若一不存在是完全对立的呢？"

"完全对立的。"

"但是，若有人说如果非大或非小或任何此类的东西如此，在每种情况下，他说的'那个非什么'就是指别的什么，这恐怕很清楚吧？"

[c5] "确实。"

"那么，现在，这不也就很清楚了吗？当有人说'一若不存在'，他所谓的不存在的那个就是异于诸他者，我们不理解他所说的吗？"

"我们理解。"

"那么，当有人谈论'一'时，他首先在谈论可知者，其次在谈论他者之外的东西，无论将'存在'还是 [160d] '不存在'附加其上。被说成不存在的就依然可以被认识，它异于他者。抑或并非如此？"[1]

---

[1]　首先，他将"一"界定为"某个可知的东西"与"他者之外的"（160c），而"存在"或"不存在"是给

"必然如此。"

"这样一来,我们就可以从头说起,'一'若不存在是什么情况。首先,这必须属于它,看起来是这样,存在 [d5] 关于它的知识,否则不可能去认识有人说到'一若不存在'时在说什么。"[1]

"的确。"

"所以,他者必定异于它,否则恐怕不能说它异于他者?"

"确实。"

"因此,除知识之外,异也属于它,[160e] 当有人说'一'异于他者时,他不是说他者之异,而

"一"附加的东西。于是,由于"一"可知,为其增加"存在"或"不存在"都不能改变其可知性。这样就建立起探讨"非-存在之一"的可能性,"一"本身的存在就已经预设了可知。

[1] 这个前提暗示"不存在之一"正是逻各斯与知识的真正对象。这与历史上的帕默尼德在其诗作中的警告完全不同。在诗作中,女神告诫说,"至于非存在,我也不允许你言谈或思考,因为非存在不能被谈及或思考"(帕默尼德《论自然》,残篇8.7-8)。

是说'一'之异。"

"显得如此。"

"此外,'不存在之一'分有'那个''某个''关于这个''属于这个''关于这些'等等这些,[e5] 因为,假如'一'不分有'某个'或其他这些,就无法谈论它,也无法谈论'一'之外的他者,以及任何关于它或属于它的东西。"

"是啊。"

"所以如果'一'确实不存在,它不可能存在,但没什么能 [161a] 阻止它分有很多东西。事实上,它必须得这样,若确实不存在的是那个'一'而非其他。然而,不存在的若不是'一'或'那个',那么论述就是关于别的什么东西,那么我们说的就根本不是它。但是,若假设不存在的别无他者而就是那个'一',那么必然是这样,[a5] 它分有了'那个'和许多别的东西。"

"确实。"

"相对于他者,它就有了不相似。因为,若'一'对于他者,作为相异者,也就是异类。"

"对。"

"异类不就是其他种类?"

"怎么不呢?"

"其他种类的东西不就［161b］不相似吗?"

"不相似。"

"好吧,那么,若它们确实与'一'不相似,这一点不清楚吗,不相似者就会与一个不相似者不相似。"

"很明显。"

"因此,'一'将会有'不相似',就他者与它不相似而言。"

"似乎是。"

"但是,若是［b5］它相对于他者有了不相似,不必然是相对于它自身相似吗?"

"如何呢?"

"若'一'对'一'有了不相似,当然这论证也就不会是关于某类与'一'相似的东西,这假设也就不会是关于'一'的了,而是关于'一'之外的他者。"

［161c］"当然。"

"但是,当然不能如此。"

"当然不。"

"那么,'一'相对于自身,必须有自身的相似。"

"必须。"

"再者,它也不等于他者。因为,若它要等于[他者],它就会既是他者又与他者相似,由于这种[c5]相等。这两种情况都不可能,若确实不存在'一'。"

"都不可能。"

"由于它不等于他者,他者不也就必然不等于它吗?"

"必然。"

"不相等的东西岂不就是不相等的?"

"对。"

"不相等的东西不就指不等于某个不相等的东西吗?"

"怎么不呢?"

"因此,'一'就分有了'不相等',[161d]就此而论,他者不等于它。"

"它分有了"。

"但是,'大'与'小'也都属于不相等。"

"是这样。"

"那么,在这个'一'里总是存在'大'与'小'?"

"恐怕是。"

"'大'与'小'总是[d5]彼此远离?"

"当然。"

"那么,在它们之间总是有某个东西。"

"有。"

"那么,除相等之外,你是否会说它们之间还有某个东西?"

"不,只有这个。"

"那么,有'大'与'小'的东西,也同样有'相等',因为,它在它们之间。"

[161e] "显得是这样。"

"'不存在之一'似乎是这样,会分有'相等''大'与'小'。"

"似乎是。"

"那么,它必然也以某种方式分有'存在'。"

"怎样呢?"

"它必如我们先前说过的那样:若它不是那样,[e5] 当我们说到'不存在之一'时,我们就没有言说关于它的真实;若要言说真实,很明显我们在说存在着的东西。或者,并不是这样?"

"正是这样。"

"但是,由于我们宣称在言说真实,我们必须 [162a] 要宣称在言说存在者。"

"必须。"

"因此,'不存在之一'似乎存在。若它不是什么不存在者，反而就将会以某种方式由'存在'直抵'非存在'，'一'直接就是存在者。"

"完全如此。"

"若它不存在，它就必具有'不是的东西是不存在者'[a5]这样的联系，类似地，正如存在者必须具有'不是不存在者'，这样一来，它将彻头彻尾地存在。那么这样一来，当然存在者才会存在，不存在者才会不存在：先看存在者，若存在者要完整地存在，就'是存在者'而言，它分有'存在'，就'不是不存在者'而言，它分有'非存在'；再看不存在者，若不存在者要完整地不存在，就'不是不存在者'而言，[162b]它分有'非存在'，就'是不存在者'而言，它分有'存在'。"[1]

1　162a4-b3：帕默尼德在解释存在者（to on）与不存在者（to mē on）时详尽展示 einai 的双重含义：言辞中的与时空中的。"不存在之一"分为"显得"不存在与"确实"不存在两种情况。当其"看似""显得"不存在时，它依旧有着"存在"（ousia），是"有"，可以言说与思考；当其"确实"不存在时，在其本质上有"非存在"（mē ousia），即历史上的帕默尼德在诗篇中让女神禁止世人探索的道路。

"再准确不过了。"

"由于存在者事实上出现了不存在,不存在者则出现了存在,那么,由于'一'不存在,[b5]也就必然地因不存在出现存在。"

"必然。"

"那么,一若是不存在,也会显得有'存在'。"

"显得是这样。"

"当然也有'非存在',若它其实不存在。"[1]

"怎么不呢?"

"处于某种状态的东西,能否不再是那样子,而又不[b10]从它所处状态改变?"

"不能。"

"那么,任何这类情况[162c]就表示改变,即

---

1 帕默尼德通过赋予非存在新意义解决一个明显的矛盾:"不存在的一"如何能够"在某种程度上分有'存在'"?(161e3)他把不存在之否定性与存在结合起来,引入非存在的第二层含义,与"存在"的新含义相关,这种新含义是借由逻各斯建立起来的理念意义上的存在(161e-162a)。借助逻各斯言说真实,他给"存在"与"非存在"不仅赋予"不存在之一",同时也赋予"存在"。

它既是这样又不是这样。"

"怎么不呢?"

"改变就是运动,或者,我们还会怎么说?"

"运动。"

"那么,'一'显得既存在又不存在。"

"对。"

"那么,也就显得既是这样又不是这样。"

"显得是。"

"[c5]'不存在之一'显得也运动,若它确实从'在'变为'不在'。"

"恐怕是这样。"

"可是,若它于诸存在者间无地可处,因为,事实上,它不存在,由于不存在,它就不能由此地转移至彼地。"

"怎么能呢?"

"那么,它也就会不可借[162d]位移而运动。"

"确实不。"

"它也不可在同一物内旋转,因它无处可以接触同一物。因为,'同一物'是某个存在者,'不存在之一'不可能存在于某些存在者中。"

"不可能。"

"那么,'不存在之一'就不能 [d5] 在它不在其内的东西内旋转。"

"不能。"

"'一'无论存在还是不存在,也无法由自身改变。因为,这样一来,若它由自身改变了,论证就不再是关于'一'的了,而是关于别的什么东西的了。"

"对啊。"

"若既非改变,也非于同一处旋转,也非位移,那么,[162e] 它还会以什么方式运动呢?"

"怎么会呢?"

"不运动的东西必定息止,息止的东西必是静止的。"

"必定。"

"'不存在之一'看上去既静止又运动。"

"看上去是这样。"

"此外,若实际上运动了,它无疑必定发生了改变。[163a] 因为,无论它怎么运动,就此而言,它都不再是过去所是,而是异者了。"

"是这样。"

"因此,'一'由运动改变。"

"对。"

"于是,不以任何方式运动,也就不会改变。"

"不会。"

"那么,当'不存在之一'运动时,它就改变;它不运动时,也就不改变。"

"不会。"

"'不存在之一'就既改变又不改变。"

"显得是这样。"

"任何变得与过去所是相异的东西,岂不必然[163b]湮灭先前状态吗?"

"必然。"

"'不存在之一'若改变,则亦生[b5]亦灭;若不改变,则不生不灭。这样一来,'不存在之一'就亦生亦灭,复不生不灭。"

"当然。"[1]

---

[1] 第五个假设就其处理"一"之非存在与一切的关系而言,应该跟在第六个假设后,第六个假设讨论"一"之非存在与其自身的关系。这两个假设相互依存。前者如帕默尼德的诗中一样,关照意见,并且确立它的前提是存在,就意味着可能没有任何东西是必要的。由于第五个假设与第四个对立,就引发了第二个部分,苏格拉底在分析城邦时将会需要这个部分。

假设六：作为"无"的不存在

"我们再次回到起点，看看它将呈现给我们与现在相同的东西，还是不同的。"

"我们必须。"

"那么，我们是不是要说，[163c]'一'若不存在，由此必须得出什么呢？"

"对啊。"

"但是，当我们说'不存在'的时候，是否指的不是别的，而是'存在'之缺席于我们所说的不存在者？"

"不是别的。"

"当我们说到某种不存在的东西，我们是在说，[c5]以这种方式它不存在，以另一种方式却存在吗？还是说，当说到这种'不存在'时，仅表示不存在者不以任何方式、不以任何形式、无论如何都不分有'存在'？"

"仅仅如此。"

"那么，不存在者将既不能存在，也不能[163d]以任何方式分有'存在'。"[1]

---

1 "不存在"（mē einai）在这篇对话中具有两个层面

"它不能。"

"生与灭不是别的,而是变得一个拥有'*存在*',一个失掉'*存在*'吗?"

"不是别的。"

"但是,不在某物之中的东西,既不捕捉,也不放开它。"

[d5]"如何呢?"

"因为,'一'无论何时绝不存在,既不具有,也不放开,也不以任何方式变得分有'*存在*'。"

"有可能。"

"那么,'不存在之一'不灭不生,若它绝不分有'*存在*'。"

"显得不。"

的含义。在绝对意义上,mē einai 就意味着绝对不存在,什么都不是。在相对意义上,它意味着,不是这个(不作为这个存在),而是那个(作为另一个,仍旧存在)。在这组论证中,mē einai 是绝对意义上的不存在,即它不以任何形式具有"*存在*"(ousia),也没有任何性质,也没有任何东西可以用来断言它。对参《智术师》238-239 关于"自身依据自身"的"非存在者"的讨论。

[163e]"那么,也就绝无改变,若经受这个,就会有生有灭。"

"确实。"

"可是,若它不改变,岂不必然不运动了吗?"

"必然。"

"但我们也不应说绝对不存在者是静止的,因为,静止的东西必须总在同一个里。"

[e5]"在同一个里,怎么不?"

"因此,反过来,我们说,不存在者不动不静。"

"确实不。"

"此外,也没有任何一些存在者属于它,因为,在[164a]分有存在者时,它也就同时分有了'*存在*'。"

"很明显。"

"它也就无大、无小、无相等。"

"确实。"

"无论相对自身或相对他者,也不会有同与异之类。"

"显得不会。"

"这样呢?若无物属于它,他者[a5]能与它相关吗?"

"它们不能。"

"那么,他者则既非与之相似,也非不相似,既不与之相同,也不与之相异。"

"确实不。"

"这样呢?是否存在'属于它的''关于它的',或'某个''这个',或'属于他者的''关于他者的',或'曾经'[164b]'此后''现在',或'知识''意见''感知''言说''名称',或别的关于不存在者的东西?"

"不存在。"

"那么,'一'由于不存在,也就不经受任何状态。"

"似乎确实根本不经受任何状态。"[1]

---

[1] 第六个假设看似仅仅提出了一个框架,没有提供任何自己的东西。亚里士多德自始至终没有问任何问题——他在别处都不曾这般毫不困惑地接受帕默尼德的论证——这个事实似乎可以证实这一点。不过,他没能问出问题并不足以说明没有问题会被提出。

亚里士多德实际上就是帕默尼德诗作里的小伙子,他安静地倾听女神的话,从不追问他自己的非存在。帕默尼德通过亚里士多德的沉默告诉苏格拉底,亚里士多德没有理解他的诗,因为亚里士多德没有注意到他过于实践

假设七：一是梦影[1]

[b5] "我们就再说说，'一'若不存在，其他的必经受什么？"

"我们就说说吧。"

"在某种程度上，它们必须是他者；若根本不是他者，我们就不能论及诸他者。"

"是这样。"

"但是，若这论说关乎诸他者，诸他者也就是异者。你不正是用他与异指称这同一个东西吗？"

[164c] "我正是这样做的。"

一种本体论的灵魂学，因而直接提出一种本质上是辨证术的教诲。

1　最后两组假设展示，当"一"不存在时，他者会有什么结果，核心是处理事物的本质问题。帕默尼德在130e曾提醒苏格拉底因年轻"紧盯众人的意见"，辩证术展示基本目标是引导思想从意见导向发生"转向"，这关系到如何重新考虑意见和哲学的关系，物质性可感知物在意见中占据主导地位，而形相在哲学中具有优先地位。

"我们称，在某种程度上，异即异于异者，他即别于他者。"[1]

"对。"

"那么，诸他者若是他者，它们就有某些与其有所区别之物。"

"必然。"

"可是，将会如何呢？它们不会异于［c5］'一'，因为'一'不存在。"

"可不是吗。"

"那就是彼此相异。还有这种情况留给它们，或者，它们别于'没哪个'。"

"是啊。"

"作为多，它们必须彼此有别。它们不会作为一如此，因为，'一'不存在。但是，如其显现那般，［164d］它们每一堆是无定之多，[2] 若有人把握到某

---

[1] 因为"一"不存在，他者就不是"一"之外的东西，异者或他者不能"异于"或"有别于""一"，故此处定义"异"与"他"是异于异者或别于他者。

[2] 在第三组假设中，"无定之多"由许多个作为单一整体的可感知事物构成，这个假设从"一"不存在

个被看作至小的［部分］，瞬息间，恍如一梦，[1] 不看似为一，反又显现为多；那不是微小的东西，相反，相对于那些由它而来的碎片来说，是极大的东西。"

［d5］"非常正确。"

"那么，作为这样一堆堆的东西，这些他者会彼此相异，若'一'不存在，他者存在。"

"正是如此。"

时"一"之外的他者之间的相互关系中检查这个未定原则。由于缺乏"一"，这些他者缺乏确定属性，因此只能作为无定之多。假设三与此处关于无定之多的讨论就是亚里士多德所谓的柏拉图本体论原则"未定之二"和"大与小"。

[1] 对参《王制》476c-d 区分睡梦中的人和清醒着的人，前者只相信事物的存在，不相信形相的存在，后者能够区分形相与分有者。533b-c 称几何学和排在它之后的技艺"梦到了存在""抓住了存在的某些东西"，但没有能力清醒地看到存在，因为几何学必须用到它无法解释的假设。534b-d 区分通过形相和辩证术把握好本身的人与靠意见抓住好的幻象的人，称后者为睡梦中的人。假设七考察"一不存在"时的他者，也就是没有形相时事物的情况，因此是在睡梦中。

"那么,将会存在着许许多多堆儿,每堆显现为一,却并不是这样,因为,'一'实则不存在。"[1]

"是这样。"

"看起来,也将会这样:它们有数量,若每个确实显现为一,尽管作为多。"

[164e] "完全如此。"

"而且,它们之中一些显现为而非真正是奇数,一些是偶数,而实际上'一'不存在。"[2]

"确实不。"

---

[1] 这组假设揭示了事物只能"显得"且"看似""是"什么样子,各种性质仅作为"外观"出现于事物。"显得"或"看似"标明了事物的认识论与本体论地位。"显得"或"看似"一方面意味着可显现给感官,事物作为"感知"对象与"意见"相关,它们有"外观",即为可见物。另一方面,"显得"或"看似"相对于真实而言,意味着并非真实存在。事物是纷乱的、暂时的碎片。

[2] 在思考这一堆堆彼此相异的东西时,我们对它们做出人为区分,使其显现为可计数的多,对应于整数的情况,于是就呈现为奇数和偶数,但由于"一"并不存在,这些数也就只是显现的。对参《王制》510c 以下、531e、533c 关于几何和算数的讨论。

"此外,我们说,至小者显得出现在它们中。[e5] 但是,这个东西显得既多又大,相对 [165a] 这许多中的每一个而言,因为它们小。"

"怎么不呢?"

"此外,每一堆都被认为等于这许许多多的小东西。因为,直到它看起来达到居间状态前,它都将不会显现得从大些的转变为小些的,这会是一种 [a5] 相等现象。"[1]

---

[1] 由于"一"不存在,事物不是一个个的,只是看似许多真实的整体,实则并非如此。事物是多,是"一堆堆",本质上是聚合体,有限可分。帕默尼德在这里讨论他者的数量与大小。由于事物是多,多意味着数量,它们也就有数量。但数量就要求有可计数的单位,而每一堆,"看似"是一个,实则是多,所以事物"显得是,而非真是"可数的(164d-e)。

每个聚合体只能"看似"有着一个"最小的"部分,事实上,任何一个这种部分与它极大时一样小:尽管与整个事物相比是小的,它也可以与自己更小的部分相比"显得"较大(164e-165a)。这些关系也意味着相等:只要某个东西可以从看似更大,即与自己的任何部分相比,变得看似更小,那么与自己是其组成部分的那个东西

"看上去如此。"

"现在,相对其他团块来说,它有界限;相对自身来说,它无起点、无界限、无中心?"

"为什么呢?"

"因为,当有人凭自己的思考把它们中任何一个作为起点、中心或终点,往往在起点前[165b]会显现出另一个起点,在终点后会留下另一个终点,在中心会有另外的更中心的中心——但更小一些,因为我们无法把其中任一个作为一把握,由于一不存在。"[1]

"千真万确。"

[b5]"人们凭思想把握的所有存在者,必定支离破碎。因为,没有一,在某种程度上,它就只能被当作一堆来把握。"

"完全不错。"

[165c]"那么,对于由远处模糊地打量这东西的任何人来说,它不就必然显现为一了吗?但是,对于

相比,它就必须经由"显得相等"成为一个居间者——一个事物相对于其各部分之和,即由许多个小组成(165a)。

1 此处的"更中心"在 *LSJ* 希腊语词典中被列为"中心"(mesos)的不合规范的比较级用法的例证。

从近处敏锐地思索的任何人来说,每一个都会显现为无定之多,若它们确实缺少'不存在之一'。"

"当然必是如此。"

"如此一来,诸他者的每一个也必然就显得既无限又有限度,[c5]一且多,若一不存在,而一之外的他者却存在的话。"

"必然。"

"那么,它们是否也被看作既相似又不相似?"

"为什么?"

"对远处的人来说,阴影画[1]中的一切都显现为一,显现得经受相同且相似的状况。"

[165d]"当然。"

1　据推测,阴影画可能是一种利用视觉效果的画法,远距离观看时,可以在二维平面产生立体感。对参《王制》365c、523b、602d 提到阴影画,比喻从远处看"显得"如此的东西,区分于真实存在。

根据帕默尼德阴影画之例,画匠通过影像到欣赏者之间的距离调整影像。影像旁边别无他物,除了斑驳的印记,距离合适时却看似一幅画的样子。帕默尼德暗示,苏格拉底没有区分几何学式肖似技艺与阴影画式幻似技艺。

"但是，当他走到近前，它们显现得千差万别，由于这种差异的显现，它们会显现为与自己相异的类，与自己不相似。"

"正是这样。"

"那么，那一堆堆必应显现得相对于它们自身、相对于彼此，既相似又不相似。"

"当然。"

[d5] "那么，它们应该显现得既彼此相同又相异，既与其自身相交又分离，既处于各种运动中，又寂然不动，亦生亦灭，又不生不灭，以及所有这类事情，这都是我们能够一下子轻松地详细讨论的，若'一' [165e] 不存在、多存在的话。"[1]

"千真万确！"[2]

---

[1] 165c-e：第七组假设表明，从远处"显得"相似或是一个且有着同样性质的东西，从远处看"显得"不相似且纷繁多样。这对于接触与分离、运动与静止、即将是与停止是，以及"所有其他这类性质"而言都成立。他者在每对相反的情况下都"会显得是"。

[2] 当否定性假设取消"一"之存在，灵魂及其体验就显现出来。唯一不是假设的假设是第七个：帕默尼德举了

假设八：关于一与多的意见

"再一次，让我们回到起点，说说若'一'不在，但是'一'之外的他者存在，必然存在什么。"

"我们就说说吧。"

"那么，他者不会是'一'。"

"它们怎么会是呢？"

[e5]"那么，它们也不是多。因为，若是这样，'一'必然也寓于多者之中。但是，若它们无一个是'一'，它们就全体什么都不是，因此，也就不会有多了。"[1]

两个例子——做梦与阴影画——并且得出，"一"或许在，或许不在，但是即便没有"一"在，仍旧存在做梦与阴影画。"一"的帝国冲动中道崩殂。"一"之缺席与在场都不能改变表象与幻象。于是一切都取决于第七个假设。它是其他几个假设的收拢与展开。

1　此处定义他者为非一非多。因为，如果不存在一，他者就既不能集体地，也不能个别地作为一个个一，若它们中没有任何一个可以独立地作为一个一或个体，而又因为所谓多是由许多单个的东西组成的，他者也不能是多。

"确实"。

"若'一'不能出现在他者之中,则他者非多非一。"

"肯定不是。"

[166a] "它们也不显现为一或多。"

"为什么呢?"

"因为,他者与不存在者无论如何都不可能共存,不存在者无任何东西会出现于他者的任何[东西]之中。因为,不存在者无部分。"[1]

"确实。"

"于是,没有关于不存在者的意见或任何现象[a5]属于他者,不存在者也不以任何方式或形式被他者臆测。"

"着实不。"

"那么,若'一'不存在,就没有他者[166b]被臆断为一或多。因为,没有'一'就无法臆断多。"

"无法。"

1　"不存在者"在绝对意义上不存在,也就是"无"。他者无法与绝对不存在的东西产生任何关联。

"若'一'确实不存在,他者既不是也不被臆断为一或多。"

"似乎不"。

"那么,也就无相似无不相似。"

"没有。"

"当然,也就无同无 [b5] 异,无合无分,无我们刚才描述成显得存在的任何东西。他者既不是也不显现为这些东西,若'一'不存在。"

"确实。"

[166c] "我们是否可以简而言之,若'一'不存在,无物存在,我们说得对吗?"

"完全正确。"[1]

"因此,这样说。也那样说:如其所显,无论

1　第八个假设看似与第六个一样空洞,但是它假设了除了不存在的一,一切都不在现象的非存在之间。这样它就提出这个问题:如果没有灵魂及其体验,是不是也就什么都没有。这个问题是柏拉图式形而上学最深层的问题之一,如果善之理念是存在者之存在的唯一理由以及存在者得以被认识的理由,如果某种理性动物并非随时存在,善之理念是否并不必然随时存在。

'一'存在或不存在,它与他者,对于自身和对于彼此,[c5] 所有,以所有方式,存在亦不存在,显得存在亦不显得存在。"

"千真万确。"

[附释] 八组假设的结论依然是两两相对:一与他者、存在与非存在、存在与显得。

这个结论的第一句"这样说"上接第八组的结论:一若不存在,无物存在。第二句"那样说"则以"如其所显"开始,表明关于"一"的逻各斯是一种影像,而非真实本身。一种观点认为,"这样说"的结论是真观点,"那样说"则是假观点,理由是第一部分帕默尼德强调过形相的必要性(135b-c),故而此处强调必须有一的结论才是真结论。

然而,第一部分的帕默尼德也揭示过包括形相论在内的本体论学说在探究真理上的限度,"那样说"符合这一洞见:人类认识第一原则和原因的活动并不等于一门证明性的知识,无论范畴结构界定,还是逻辑推论证明,都无法获得关于终极因的确定性知识,八组假设出现过的毕达哥拉斯派学说、爱利亚派学说和形相论概莫能外。

因此,亚里士多德在这里对于"这样说"给出了"完全正确"的肯定,对于"那样说"则给出了程度更高的肯定。